絵本原画展を終えて

とよたかずひこ（絵本作家）

「とよたさんのお母様はえらいですねぇ、こんなに子どもの頃の作品をとっておかれて…。」

昨年夏、私の出身地仙台で原画展をやったとき、会場にいらした方のことばである。「とんでもない、これ全部自分がとっておいたものです…。」

母親はそういうことに頓着しない人間だった。引っ越しがあったわけでもなく、わざわざ処分することもなかろうにと思うが、通信簿はもちろん、小生がもらった賞状など一切残っていない。ま、それはそれで何の不満もない。そのかわりといってはなんだが、何の魂胆があってか、私は密かに自分が描いた絵を自ら保管していた。

会場は仙台文学館である。絵描きの会場としては美術館の方がふさわしいのであろうが、文学館である。照明がやや暗い。絵本の原画を並列に展示するだけではなく、創作者としてのプロセスをお見せするのもよかろうと、前記の子ども時代に私《ひそか》に描いていた絵を書見台に置くことにした。

『明治天皇と日露大戦争』なんていう題名で、戦闘場面を克明に描いている。一九五七年に新東宝が制作した映画だが、敗戦後一二年でもうこんな映画が作られていて、私は父親に連れられて観に行っているのである。家に帰ってから興奮さめやらずの小学四年生のとよた少年は、黙々と丹念に覚えている場面を鉛筆で再現している。

今ある姿を予想してとっておいたわけではない。何か捨ててしまうのが忍びなかったのだ。とにかく緻密に一所懸命に描いている。小学校時代はひたすらお絵描きに没頭していた。それが中学、高校と進むにつれ、世は高度経済成長期を迎える。いい学校に入っていい大学を出ればいい就職口がある、という幻想を疑わず主要五科目にシフトし、絵を描くこととはぷっつり切れる。

それが子育てに入り、絵本の読みきかせをせがまれて、初めて絵本を正面から眺めた。―この程度の絵だったら、オレでも描ける―大いなる錯覚をもってこの業界に突入した。絵画の基礎を学んでいない自分には今も不安がある。

先日の朝日新聞朝刊一面連載『折々のことば』――見えるものをそのまま写し取るのはとてもいいことだが、記憶のなかに留まったものを描く方がもっとよい。エドガー・ドガ―― へえー。

特集

2017年 子どもの本この一年

心と体の問題を抱えた
子どもたちを描く作品が増えてきた

絵本

渡邉基史（三島市立図書館）

二〇一七年に出版された絵本を振り返っていく。

二月にはディック・ブルーナの訃報により、追悼関連本の出版が相次ぎ、絵本においても『ふなのりのやん』（1）『おうさま』（2）が出版された。シンプルなストーリーに印象的な色遣いの絵本はこれからも子どもたちに愛され続けるだろう。

次に人気作家の新作から『ゆめみるじかんよこどもたち』（3）は子どもたちが庭で遊んでいると、へんな声がきこえてきて子どもたちは森に向かう。暗い森の恐怖から声の主が分かった時の温かい気持ちにホッとする。『いえすみねずみ』（4）は子どもたちが家に住んでいるネズミを助けようと手紙を書く。そこからはじまった子どもたちとネズミたちとの交流は作家の世界観がよく表れていて面白い。日本の作家では夏の変わりない夜の風景を描いた『よるのおと』（5）は夜空と池の青色が美しく、擬音のみで表現され夏の夜の静けさが際立つ。『手おけのふくろう』（6）は子育てをする巣を失ったフクロウが小屋にぶら下がっていた手桶でフクロウのひなを育て、巣立ちするまでを温かく見つめる。生命の力強さとそれに寄り添う人間の生活を感じる。『まねきねこだ!!』(7)は空から沢山の招き猫が下りてきてダルマをさらっていく。楽しいナンセンス絵本だ。

昔話からは、父の敵を討つため、弓の修行を乗り越え、伝説のトラ退治に行く『金剛山のトラ ―韓国の昔話―』(8)、日本の定番昔話の再販で、母カニの仇討ちに仲間を引き連れサルを退治に行く『さるとかに』(9)、マーシャ・ブラウンによる昔話でジャッカルが染物屋のツボに入ったことから毛の色が真っ青に変わり、森で王さまを名乗る『あおいジャッカル ―インドの昔話―』(10)の三作は共通して絵に迫力があり、おはなしも魅力的で子どもたちは昔話の世界に引きつけられるはず。

そして、原著の出版は古いが個性豊かな人形が織りなす『にんぎょうのおいしゃさん』(11)。お医者さんが倒れた時に、いつも助けられている人形たちが助けようと一生懸命になる場面は微笑ましい。

落語からできた絵本を二冊、『だんご屋政談 ―新作落語「団子屋政談」より―』(12)はお祭りに団子を買ってもらった子が悪さをして大岡越前の裁きを受ける。『子どもつなひき騒動』(13)は、一人の子どもをめぐり、自分が親だと言い張る二人の母親へ大岡越前が解決のために出した答えは…。どちらも面白く人情豊かな落語の世界を楽しめる。

ペットを題材にした絵本として、死んでしまった後の愛犬の視点で飼い主家族をあたたかく見つめる『なかないで、アーサー ―てんごくにいったいぬのおはなし―』(14)と保護された犬を飼うことにした男の子が犬にやさしく話しかける『きみがうちにくるまえ…』(15)は、人の生活にペットの存在が近くなり、子どもの読書にもペットが密接に関係してきたことがわかる。

科学絵本から『このあいだになにがあった?』(16)は二枚の写真の間に何があったか想像させる実験的な写真絵本。読んでみた時の子どもの反応が楽しみだ。幼児向け自然科学絵本の『きゃべつばたけのぴょこり』(17)はキャベツの葉の裏に現れる様々な虫を丁寧に描き、ぴょこりとあったものは時が経つとちょうちょが出てくる。写実的な絵の世界に子どもが引き込まれる。

『スープになりました』(18)は木版画により表現された

◆絵本リスト◆

(1)『ふなのりのやん』 ディック・ブルーナぶんえ／まつおかきょうこやく／福音館書店

(2)『おうさま』 ディック・ブルーナ ぶんえ／まつおかきょうこやく／福音館書店

(3)『ゆめみるじかんよこどもたち』 ティモシー・ナップマン文／ヘレン・オクセンバリー絵／石井睦美訳／BL 出版

(4)『いえすみねずみ』 ジョン・バーニンガム作／谷川俊太郎訳／BL 出版

(5)『よるのおと』 たむらしげる作／偕成社

(6)『手おけのふくろう』 ひらののぶあきぶん／あべ弘士え／福音館書店

(7)『まねきねこだ!!』 高畠那生作／好学社

(8)『金剛山のトラ －韓国の昔話－』クォンジョンセン再話／チョンスンガク絵／かみやにじ訳／福音館書店

(9)『さるとかに』 神沢利子文／赤羽末吉絵／BL 出版

(10)『あおいジャッカル －インドの昔話－』 マーシャ・ブラウン作／こみやゆう訳／瑞雲舎

(11)『にんぎょうのおいしゃさん』 マーガレット・ワイズ・ブラウン作／J.P. ミラー絵／こみやゆう訳／PHP 研究所

(12)『だんご屋政談－新作落語「団子屋政談」より－』 春風亭一之輔作／石井聖岳絵／ばばけんいち編／あかね書房

(13)『子どもつなひき騒動』 宝井琴調文／ささめやゆき絵／福音館書店

(14)『なかないで、アーサー －てんごくにいったいぬのおはなし－』 エマ・チチェスター・クラーク作・絵／こだまともこ訳／徳間書店

(15)『きみがうちにくるまえ…』 マリベス・ボルツ ぶん／デイヴィッド・ウォーカーえ／木坂涼やく／岩崎書店

(16)『このあいだになにがあった？』 佐藤雅彦作／ユーフラテス作／福音館書店

(17)『きゃべつばたけのぴょこり』 甲斐信枝さく／福音館書店

(18)『スープになりました』 彦坂有紀作／もりといずみ作／講談社

(19)『ロケット発射場の一日』 いわた慎二郎作・絵／講談社

(20)『チャールズ・ダーウィン、世界をめぐる』 ジェニファー・サームズ作／まつむらゆりこ訳／廣済堂あかつき

【他にすすめたい本】

『ちいさなかえるくん』 甲斐信枝さく／福音館書店

『ぽつぽつぽつだいじょうぶ？』 しもかわらゆみ作／講談社

『オニのきもだめし』 岡田よしたか作／小学館

『ドン・キホーテ －絵本・世界の名作－』ミゲル・デ・セルバンテス原作／石崎洋司文／村上 勉絵／講談社

『すすめ！かいてんずし』岡田よしたか 作・絵／ひかりのくに

『モノレールのたび』 みねおみつさく／福音館書店

『ウサギのすあなにいるのはだあれ？』 ジュリア・ドナルドソン文／ヘレン・オクセンバリー絵／とたにようこ訳／徳間書店

『やもじろうとはりきち』 降矢なな作絵／佼成出版社

『オニのサラリーマン しゅっちょうはつらいよ』 富安陽子文／大島妙子絵／福音館書店

『よ・だ・れ』 小風さち文／及川賢治絵／福音館書店

『アントンせんせいあかちゃんです』 西村敏雄作／講談社

『おさるのジョージバスケットボールをする』 M. レイ原作／H.A. レイ原作／福本友美子訳／シンシア・プラット文／メアリー・オキーフ・ヤング画／岩波書店

『ジングルベル』 キャサリン・N. デイリー作／J.P. ミラー絵／こみやゆう訳／PHP 研究所

色とりどりの野菜たちが、おいしそうなスープに変身する幼児向け絵本。食べ物の本は子どもが大好きなため読んであげたくなる。

『ロケット発射場の一日』(19)はロケット発射をリアルに描き、ロケット好きだけでなく、色々な機械が詳細に出てくるので乗り物や機械好きの男の子に薦めたい一冊。関連するブックトークで紹介してもいいだろう。

最後に『チャールズ・ダーウィン、世界をめぐる』(20)はダーウィンが調査船にのり南アメリカ、ガラパゴス諸島を巡り動物の進化についての学説を発想するまでを描く。所々に地図が入り冒険の過程を楽しむことができる。文章は長いが実話からの冒険話は読んでいて楽しい。小学生に薦めたい。

低学年

沼田陽子（帯広市図書館）

二〇一七年、低学年向け童話は継続刊行のシリーズものは順調に巻数を伸ばしていたが、魅力的で何度も読みたくなる、大事に手渡していきたいと思うものは残念ながら少なかった。

そのなかで、小学校生活をスタートした初々しい子どもたちの心に寄り添い、勇気づける作品に光るものがあった。『小学生まじょとおしゃべりなランドセル』(1)は小学生の象徴であるランドセルが言葉を話し、主人公と一緒にうれしいときには跳ね回り、落ち込んだときは背中で励ましてくれる存在になる。明るく元気になれる物語。『ヘッチャラくんがやってきた』(2)は学校にロボットが体験入学してきて、子どもたちとの交流のなかで互いに成長していく。現実世界でも近い将来実現しそうなシチュエーションが面白かった。『おねえちゃんって、いっつもがまん!?』(3)は三歳の妹のわがままにふりまわされている姉の気持ちをすくい取り、包み込む。運動会への苦手意識を父親と共有できた会話、姉妹両方に愛情を注ぐ両親の姿が微笑ましく、思いやりの気持ちがとても素敵だった。

ファンタジー作品として、読み継ぎたいと思う作品だったのは、『キダマッチ先生！　1・先生かんじゃにのまれる』(4)。どんな病気も治してしまう名医のキダマッチ先生、森の仲間から慕われ頼りにされている。長年の経験と機転で患者を治してしまう方法が愉快で、緊迫した場面であってもどっしりとした安心感を得ることができた。**『おさるのよる』（5）**は夜中にふと目が覚めてしまったおさるがおじいちゃんとの語らいから、思索にふける。子どもの頃、ずっと暗い夜のままだったら…と不安に思った漠然とした恐れを思い出した。

『ちゃめひめさまとペピーノおうじ』（6）のちゃめひめさまは、おてんばでいたずら好きな女の子。ある日、やんちゃできかんぼうと名高いペピーノ王子が訪ねてくることになり、「まっぴらごめん」とお城を抜け出す。似た者同士の姫と王子、周囲も巻き込んでのドタバタ大騒動。**『きんたろうちゃん』（7）**は斉藤洋らしいひねりの効いた作品。読者へ問いかけを発しながら物語が進む、ナビゲートが巧みで一人でも読みやすい。子どもたちに馴染み深いきんたろうと思いきや、きんたろうちゃん。森田みちよの挿絵がコミカルで作品に軽やかさを持たせている。こちらも着想が豊かだった**『ん ひらがな 大へんしん！』（8）**はひらがなを練習中のなっちゃん、「ん」が上手に書けずにお悩み中。そこへ「ん」がやってきて、「ん」の世界へ連れ出してくれる。文字や言葉に興味を持たせる内容で好感が持てた。

おばけや妖怪が主人公の作品も目立った。**『おばけのたんけん』（9）**はおばけなのに、こわがりな、かなしばりおばけポーちゃんがおばけクラスで地獄へ社会科見学に行く。**『モン太くん空をとぶ』（10）**はお父さんはフランケンシュタイン、お母さんは魔女、しかしモン太くんはふつうの男の子。モンスターと人間が仲よく暮らすモンスタータウンの住人や生活が楽しく描かれている。

昨年から刊行が続いている講談社の「たべもののおはなしシリーズ」。子どもたちに人気がある料理を題材にしている。挿絵も多く、読みやすい。どの作品もおいしいものを家族や友人、大勢で食べることのうれしさが伝わってくる。**『にげたエビフライ』（11）**、スーパーの惣菜コーナーからエビフライが逃げ出した先は…。おいしそうな挿絵が物語を引き立てている。

翻訳は小宮由の仕事が際立っていた。命や平和の尊さを伝えたいなら、子どもたちに「よろこび」をと願う小宮の選書や作品に合せた文体の翻訳は、安心して読め、手渡せる。海外の優れた幼年童話に触れるチャンスを丁寧につくりだしていることがうれしい。**『メリーメリーおとまりにでかける』（12）**、**『サンタクロースのはるやすみ』（13）**、**『たんけ**

◆低学年リスト◆

（1）『小学生まじょとおしゃべりなランドセル』　中島和子作　秋里信子絵／金の星社

（2）『ヘッチャラくんがやってきた』　さえぐさひろこ作／わたなべみちお絵／新日本出版社

（3）『おねえちゃんって、いっつもがまん1?』　いとうみく作／つじむらあゆこ絵／岩崎書店

（4）『キダマッチ先生！　1.　先生かんじゃにのまれる』　今井恭子文／岡本順絵／BL出版

（5）『おさるのよる』いとうひろし作・絵／講談社

（6）『ちゃめひめさまとペピーノおうじ』　たかどのほうこ作／佐竹美保絵／あかね書房

（7）『きんたろうちゃん』　斉藤洋作／森田みちよ絵／講談社

（8）『ん　ひらがな　大へんしん！』　まつもとさとみ作／すがわらけいこ絵／汐文社

（9）『おばけのたんけん』おばけのポーちゃん・6　吉田純子作／つじむらあゆこ絵／あかね書房

（10）『モン太くん空をとぶ』モンスタータウンへようこそ　土屋富士夫作・絵／徳間書店

（11）『にげたエビフライ　たべもののおはなし・エビフライ』たべもののおはなしシリーズ　村上しいこ作／さとうめぐみ絵／講談社

（12）『メリーメリーおとまりにでかける』　ジョーン・G・ロビンソン作・絵／小宮由訳／岩波書店

（13）『サンタクロースのはるやすみ』こころのほんばこシリーズ　ロジャー・デュボアザンぶん・え／小宮由やく／大日本図書

（14）『たんけんクラブシークレット・スリー』こころのほんばこシリーズ　ミルドレッド・マイリックぶん／アーノルド・ローベルえ／小宮由やく／大日本図書

（15）『バクのバンバン、船にのる』ふたりはなかよしマンゴーとバンバン　ポリー・フェイバー作／クララ・ヴリアミー絵／徳間書店

【他にすすめたい本】

『とうふやのかんこちゃん』福音館創作童話シリーズ　吉田道子文／小林系絵／福音館書店

『サラとピンキー　パリへ行く』　富安陽子作・絵／講談社

『ともだちのときちゃん』　岩瀬成子作／植田真絵／フレーベル館

『まほうのほうせきばこ』　吉富多美作／小泉晃子絵／金の星社

『みんな生きている』　中川ひろたか文／きくちちき絵／小学館

『図書館にいたユニコーン』　マイケル・モーパーゴ作／ゲーリー・ブライズ絵／おびかゆうこ訳／徳間書店

んクラブシークレット・スリー』（14）のどれも、クラシカルな雰囲気のある物語。主人公の子どもたちがのびのびと生きている。小さな喜びを爆発させ、失敗をちょっぴり後悔してもすぐに前を向き自分の道を突き進む素直な子どもたちの姿が爽快。いいコンビが誕生したのが『バクのバンバン、船にのる』（15）で、互いに思いやり補い合う。ふたりの友情に拍手したくなる気持ちの良い物語。

　今年、幼年童話をチェックしていて気になったのが、図書館では比較的新刊が所蔵されていたが、書店ではロングセラーや売れているシリーズしかなかったこと。作品と出合う環境も変化してきていると感じた。

中学年

広島市こども図書館

この一年間に紹介した中学年向けの文学作品を大きく分けると、家族や友人との関係に悩みながら成長していくという読者が共感を得やすい作品、ファンタジー、昔話や古典、戦争を扱った作品などであった。子どもたちの興味や読書力に合わせて紹介したい。

『ぼくらは鉄道に乗って』（1）は、鉄道が大好きな四年生の悠太が主人公。同じアパートに引っ越してきた理子が離れて暮らす弟に会いたがっていることを知り、親には内緒で調布から千葉の大原までを往復する鉄道の旅に出かける。本当に着けるのかという不安や、憧れの電車に乗った興奮などが伝わってくる。翻訳物では**『ジョージと秘密のメリッサ』**（2）を挙げたい。主人公のジョージは一〇歳。体は男の子なのに自分は女の子だと感じるトランスジェンダーで、それを誰にも打ち明けられずに苦しんでいるが、友人の協力を得て自分を解放していく。他に家族との関係に悩む作品には、**『拝啓、お母さん』**（3）と**『キワさんのたまご』**（4）がある。前者は、出産を控えた母が入院したため、祖父母の家に預けられたゆなの話。自分の気持ちを無視した両親に腹を立てるが、活版印刷屋を営む祖父の仕事を手伝うことを通して、気持ちを言葉にして伝えることの大切さに気づく。後者は、弁当屋を営む両親が忙しく、またいつも一緒に遊んでいた友だちがサッカークラブに入ったため一人で夏休みを過ごすことになったサトシの話。養鶏を営む農家で「まぼろしの卵」があることを知ったサトシは、卵を譲ってもらうために、おばあさんの手伝いをすることになる。ゆなもサトシも、両親を思う気持ちをうまく伝えられず苦しむが、周囲の大人の温かいまなざしや体を使って働くことを通して成長していく。これに対して**『春くんのいる家』**（5）はもう少し複雑だ。両親が離婚し、母とともに祖父母の家で暮らすことになった四年生の日向。そこにいとこの中学生、春くんが祖父母の養子として加わることに。日向の目を通して、始めはぎこちなかった家族が少しずつ距離を縮めていく様子を描く。

こうした日常を扱った作品は感情移入しやすいが、

◆中学年リスト◆

（1）『ぼくらは鉄道に乗って』 三輪裕子作／佐藤真紀子絵／小峰書店
（2）『ジョージと秘密のメリッサ』 アレックス・ジーノ作／島村浩子訳／偕成社
（3）『拝啓、お母さん』 佐和みずえ作／かんべあやこ絵／フレーベル館
（4）『キワさんのたまご』 宇佐美牧子作／藤原ヒロコ絵／ポプラ社
（5）『春くんのいる家』 岩瀬成子作／坪谷令子絵／文溪堂
（6）『水の森の秘密』（こそあどの森の物語） 岡田淳作／理論社
（7）『妖怪一家のハロウィン』（妖怪一家九十九さん） 富安陽子作／山村浩二絵／理論社
（8）『時知らずの庭』 小森香折作／植田真絵／BL出版
（9）『つくえの下のとおい国』 石井睦美著／にしざかひろみ絵／講談社
（10）『グリムのむかしばなし』Ⅰ・Ⅱ ワンダ・ガアグ編・絵／松岡享子訳／のら書店
（11）『月からきたトウヤーヤ』 蕭甘牛作／君島久子訳／岩波書店
（12）『とびきりすてきなクリスマス』 リー・キングマン作／山内玲子訳／岩波書店
（13）『魔法の学校』（エンデのメルヒェン集） ミヒャエル・エンデ作／池内紀・佐々木田鶴子・田村都志夫・矢川澄子訳／岩波書店
（14）『こいぬとこねこのおかしな話』 ヨゼフ・チャペック作／木村有子やく／岩波書店
（15）『ありづかのフェルダ』 オンドジェイ・セコラさく・え／関沢明子やく／福音館書店
（16）『靴屋のタスケさん』 角野栄子作／森環絵／偕成社
（17）『図書館にいたユニコーン』 マイケル・モーパーゴ作／ゲーリー・ブライズ絵／おびかゆうこ訳／徳間書店

【他にすすめたい本】

『リンちゃんとネネコさん』 森山京作／野見山響子絵／講談社
『アルバートさんと赤ちゃんアザラシ』 ジュディス・カー作・絵／三原泉訳／徳間書店
『絵物語古事記』 富安陽子文／山村浩二絵／三浦佑之監修／偕成社

この時期だからこそ味わえるファンタジー作品にも出合わせたい。シリーズ最終巻となった『水の森の秘密』（6）では、「こそあどの森」で起こった異変は、自分たちが自然の秩序を乱してしまったことが原因だと気づくという展開。個性豊かな森の住人たちとそのユニークな暮らしぶりにわくわくし、水の精も出てくるなどシリーズを通して夢のあるお話だが、自然とともに生きるにはどうすべきかとの作者のメッセージが伝わる内容であった。同じくシリーズもので「妖怪一家九十九さん」の第6弾『妖怪一家のハロウィン』（7）にはオオカミ男や魔女も登場し、妖怪好きの子どもを満足させる。『時知らずの庭』（8）は、おねだりが得意なヒメヒヤシンスや、願いが叶うネガイタンポポなど、見たこともない草花が育つ庭を舞台に、見習い庭師のホップが植物に絡んだ問題を解決しながら成長していく物語。『つくえの下のとおい国』（9）は少し懐かしさを感じさせるファンタジー。祖父の古い机が不思議な世界とつながっていて、

マナとリオの姉妹が机の下から「トホウ・モナイ国」に出かけていく。目に見えないものを信じられる感覚が残っている子どもたちに。

昔話や民話を基にした作品も中学年にすすめたい。絵本作家ワンダ・ガアグが再話、挿絵も描いた『グリムのむかしばなし』（10）、中国のチワン族に伝わる民話を基に描かれた『月からきたトウヤーヤ』（11）。自分からはなかなか手を出さないかもしれないので、読み聞かせるのもよい。また、家族の愛情を描いた『とびきりすてきなクリスマス』（12）、エンデの『魔法の学校』（13）、チェコの児童文学『こいぬとこねこのおかしな話』（14）や『ありづかのフェルダ』（15）等の古典と言える名作も折を見て紹介していきたい。

戦争を描いた作品もいくつかあった。『靴屋のタスケさん』（16）、『図書館にいたユニコーン』（17）。前者は、近所の靴屋さんに惹かれる少女が戦争を経て成長してから今はもうない靴屋を思い出す。後者は、物書きとなった主人公が少年時代を思い起こし、本の魅力を教えてくれた図書館司書や、村人たちと戦火から本を守った過去に思いを馳せる。中学年以上から幅広い年代で楽しめる。

中学年という年齢は、興味の幅が広がり行動範囲も拡がっていく時期。発達の個人差が大きく、読書力にも差が出始めるが、絵本から一人読みへと誘う大切な時期でもある。この時期にこそ、物語の楽しさを知ってほしい。中学年向けの読み物は、出版点数が他の学年と比べ少なく、さらに復刊も多く新しい作品が出てきにくい状況ではあるが、その中でも子どもの心を豊かにする本を選び手渡したい。

高学年

宮崎祐美子
（所沢市立所沢図書館吾妻分館）

二〇一七年の高学年向け文学は、翻訳物で良書が目立った。テーマは戦争と平和、異文化、複雑な家族関係が背景にあるもの、また、ここ最近の傾向として、障碍やトランスジェンダーを題材とし、生きることに困難を抱える子どもたちを描いた作品が多いが、それらがより低年齢化してきたように感じる。

『太陽と月の大地』（1）は、一六世紀のスペインを舞台に民族、宗教の違いで争いが起こるという、現代にも繋がる問題を取り上げている。ナチス迫害のため、一家離散状態となったユダヤ人のファニーが妹や同じ境遇の子どもたちのリーダーとして、命を脅かされながらも逃避行の指揮をとる『ファニー 13歳の指揮官』(2)は、高学年から読んでほしい事実に基づく物語だ。『タイガー・ボーイ』(3)は、生活が貧しく、性差別も根深いインドの群島に暮らすニールが、島の人たちの期待を背負い未来のために都会へ行く決意を固める姿を描く。

家族について改めて考えさせられる作品も翻訳物が目立ち、幼いながらもそれを守ろうとするけなげな姿に心打たれた。内反足を理由に母に虐待されていたエイダは、弟と疎開する。同居することになった独身女性スーザンとぶつかり合いながらも、やがて真の家族のような絆が生まれていく『わたしがいどんだ戦い1939年』(4)。自分の殻に閉じこもってしまった母と発達障害の弟と暮らすスカーレット。彼女は里親に預けられ安定した生活を送ることができるようになるが、安堵とは裏腹に弟への罪悪感にかられ、ある行動に出る…『紅のトキの空』(5)。弟とひいばあちゃんとトレーラーハウスで暮らしているナオミのもとに行方不明だった母が七年ぶりに帰ってくる

『メキシコへわたしをさがして』(6)。身勝手な母から逃れ、父を探しにメキシコへ行った彼女はそこでの出会いや体験により、自分に自信を持ち、それを自覚できるようになるまで成長する。『ジュビリー』(7)は母親に捨てられたことから、選択制無言症になったジュディスの物語。離島で叔母に大切に育てられるが、母親との関係を修復しようと自ら町に暮らす彼女に会いに行く。

この年代の子どもたちに勇気を与えられるような作品も多かった。体は男の子、心は女の子の一〇歳のジョージは、自分の成長に自身の理解が追いつかず苦しむが、次第に周囲に受け入れられるようになっていく…『ジョージと秘密のメリッサ』(8)。数学は得意だが、読み書きが苦手で文字が覚えられない障碍のため、無能だと思われ苦しんでいるエディ。あきらめずに努力を重ねる姿が心に残る『ぼくとベルさん　友だちは発明王』(9)。昨年出版された『WONDER』のスピンオフ作品、顔に障碍があるオーガストを巡る人間関係を描く『もうひとつのWONDER』(10)。彼を受け入れられず、辛く当たってしまったクラスメイトの心情の変化が丁寧に書かれている。宗教上の理由から、男子と一緒にプールの授業を受けられないファドマ。きまりを守らなければという気持ちとは裏腹に泳ぎたいと

◆高学年リスト◆

(1)『太陽と月の大地』 コンチャ・ロペス=ナルバエス著／宇野和美訳／松本里美画／福音館書店

(2)『ファニー 13 歳の指揮官』 ファニー・ベン=アミ著／ガリラ・ロンフェデル・アミット編／伏見操訳／岩波書店

(3)『タイガー・ボーイ』 ミタリ・パーキンス作／ジェイミー・ホーガン絵／永瀬比奈訳／すずき出版

(4)『わたしがいどんだ戦い 1939 年』 キンバリー・ブルベイカー・ブラッドリー作／大作道子訳／評論社

(5)『紅のトキの空』 ジル・ルイス作／さくまゆみこ訳／評論社

(6)『メキシコへわたしをさがして』 バム・ムニョス・ライアン作／神戸万知訳／偕成社

(7)『ジュビリー』 パトリシア・ライリー・ギフ作／もりうちすみこ訳／さ・え・ら書房

(8)『ジョージと秘密のメリッサ』 アレックス・ジーノ作／島村浩子訳／偕成社

(9)『ぼくとベルさん　友だちは発明王』 フィリップ・ロイ　著／櫛田理絵訳／ PHP 研究所

(10)『もうひとつの WONDER』 R.J. パラシオ作／中井はるの訳／ほるぷ出版

(11)『わたしも水着をきてみたい』 オーサ・ストルク作／ヒッテ・スペー絵／きただいえりこ訳／さ・え・ら書房

(12)『はっけよい！雷電』 吉橋通夫著／講談社

(13)『奮闘するたすく』 まはら三桃著／講談社

(14)『あした飛ぶ』 束田澄江作／しんやゆう子絵／学研プラス

(15)『絵物語古事記』 富安陽子文／山村浩二絵／三浦佑之監修／偕成社

【他にすすめたい本】

『わたしたちが自由になるまえ』 フーリア・アルバレス著／神戸万知訳／ゴブリン書房

『あたしのクオレ 上・下』 ビアンカ・ピッツォルノ作／関口英子訳／岩波書店

『とうちゃんとユーレイババちゃん』 藤澤ともち作／佐藤真紀子絵／講談社

『香菜とななつの秘密』 福田隆浩著／講談社

『河童のユウタの冒険 上・下』 斎藤惇夫作／金井田英津子画／福音館書店

『おれたちのトウモロコシ』 矢嶋加代子作／岡本順絵／文研出版

『レイミー・ナイチンゲール』 ケイト・ディカミロ作／長友恵子訳／岩波書店

『ペンダーウィックの四姉妹 3　海べの音楽』 ジーン・バーズオール著／代田亜香子訳／小峰書店

『レンタルショップ八文字屋』 泉田もと作／岩崎書店

『花あかりともして』 服部千春著／紅木春絵／出版ワークス

『唐木田さんち物語』 いとうみく作　平澤朋子画／毎日新聞出版

『青空トランペット』 吉野万理子作／宮尾和孝絵／学研プラス

『さよなら、スパイダーマン』 アナベル・ピッチャー著／中野怜奈訳／偕成社

『ソーリ！』 濱野京子著／おとないちあき画／くもん出版

『図書館にいたユニコーン』 マイケル・モーパーゴ作／ゲーリー・ブライズ絵／おびかゆうこ訳／徳間書店

いう気持ちも抑えられない子どもの心情がよく表現されている『わたしも水着をきてみたい』（11）。

日本のいくつかの作品でも、この年代の子どもたちの成長が綴られている。『はっけよい！雷電』（12）は、江戸時代にタイムスリップした太郎とその時代を生きる雷電関や周囲の人たちとの交流が描かれ、相撲の歴史にも触れることができる。『奮闘するたすく』（13）では、刑事だった祖父が認知症になり、本人や家族がとまどう姿が描かれる。孫のたすくが、祖父の症状を素直に受け止める姿は明るくたくましい。『あした飛ぶ』（14）の父を亡くした星乃は、辛い現実を受け止めきれない母に気を使い、涙も流せない。引っ越し先の学校でもクラスに溶け込めない中、羽にマークがあるアサギマダラという蝶をつかまえたことをきっかけに、少しずつ前向きになっていく。

『絵物語古事記』（15）は、誰もが幼い頃聞いたことのある神話のエピソードを、言葉の使い手富安陽子が渾身の翻訳をした一冊。全ページにイラストが描かれ、内容もこの年代の子どもたちが手にする「古事記」としてふさわしい。

テーマとして、認知症を取り上げている物語は、引き続き出版を予感させる。また、多くの小学校でビブリオバトルが行われるようになってきたことで、それをテーマにした物語の本が出版されたことも今年の特徴であった。

高学年は、学校での立ち位置や人間関係の悩みが一層深刻になり、安心できる居場所を求める年代でもある。あまりにも辛く、救われない物語も多分にある。手渡す場合は信頼関係ができていないと難しい。生きる力を湧き立たせるような物語本の今後の出版に期待したい。

ヤングアダルト

大江輝行（自由の森学園図書館）

二〇一七年は、第一に、国内作品では、中学生の主に少女達を主人公とする、周囲との軋轢と孤独に悩み、人が人と出会うことの困難さへと追い込まれた子ども達の姿と、学校・家族・社会の現在がリアルに描かれた力作が目に付いた。第二に、海外作品では、過去の時代に遡り、抑圧されていた女性の権利・解放を喚起させる物語と、全ての性差別に反対するＬＧＢＴＱを巡る新鮮な翻訳に出会えた。

『かがみの孤城』（1）は、主人公の中一・少女が学校でのいじめが原因で家に籠る。ある時、部屋の鏡が突然光り、

それを潜り抜け城の中へ。孤城に集められた七人の不登校の生徒達が協力して立ち直る機会を作ろうとする。しかし、現実の世界ではすれ違って会えない。人が人と出会う事の奥深さが描かれた、感動的な傑作。『キズナキス』(2)は、内心を言葉に表す装置が普及する未来。「絆プロジェクト」推進校での、少女と周囲との軋轢が描かれる。〈絆〉で人を縛り付け、膨大な個人情報を集め人の内面や行動をコントロールするディストピアSFは、彼女達の抱える孤独と閉塞感をリアルに伝える。『明日のひこうき雲』(3)は、単身赴任の父・鬱病の母・幼い弟という家族の問題を一身に背負う少女の、葛藤・友情・初恋を瑞々しく描く「等身大」の物語。『カーネーション』(4)は、娘を愛せない母と母に愛されたい娘の確執を描く。二人の関係を見ないようにしてきた父も含む家族とそれを支える周囲の物語の顛末は、読後、様々な残響を奏でる。

　中学生の少年を主人公とする作品では、真摯な意志と行動で困難や葛藤へ立ち向かう、その踏み出し方が「表現する関係」へと展開する所に特色が見られた。『こんとんじいちゃんの裏庭』(5)は、認知症老人と暮らす家族の物語。徘徊中交通事故にあった祖父への不当な損害賠償請求に憤った中三が行動を起こす。『僕は上手にしゃべれない』(6)は、吃音に葛藤する中一が、放送部等での体験を経て、やがて自分の吃音を受け入れて生きる事を弁論大会で訥々と表現する場面を迎える。『ラブリィ』(7)は、映像コンクール審査員賞受賞の中二が、教室内での同調圧力の強さと戦い、互いに表現する関係の中で相手を見た目ではなく心からラブリィと感じるようになる。『一〇五度』(8)は、椅子デザイナーを目指す中三が同好の女子と出会いタッグを組み、「全国学生コンペ」へ挑戦する。専門用語を使用し、その世界の現実的な厳しさも描かれている。

　海外作品では、まず『嘘の木』(9)と『オオカミを森へ』(10)。前者は一九世紀後半の英国に生きる一四歳の少女が、父の秘密の研究対象である「嘘の木」という植物を利用して、父の死の謎に挑む。後者は二〇世紀初頭革命前夜の帝政ロシアで、一二歳の少女と預かったオオカミ達が連行された母を救出するための旅をする。それぞれ「嘘の木」「オオカミ預かり人」という強力で魅惑的なフィクションを創造し、前者では近代科学的な精神、後者では野生の思考を宿す少女達が、共に男性優位の強固な歴史的社会で、勇気

◆ＹＡリスト◆

(1)『かがみの孤城』　辻村深月著／ポプラ社
(2)『キズナキス』　梨屋アリエ著／静山社
(3)『明日のひこうき雲』　八束澄子著／ポプラ社
(4)『カーネーション』　いとうみく著／くもん出版
(5)『こんとんじいちゃんの裏庭』　村上しいこ著／小学館
(6)『僕は上手にしゃべれない』　椎野直弥著／ポプラ社
(7)『ラブリィ』　吉田桃子著／講談社
(8)『一〇五度』　佐藤まどか著／あすなろ書房
(9)『嘘の木』　フランシス・ハーディング著／児玉敦子訳／東京創元社
(10)『オオカミを森へ』　キャサリン・ランデル著／原田勝訳／小峰書店
(11)『パンツ・プロジェクト』　キャット・クラーク著／三辺律子訳／あすなろ書房
(12)『サイモンvs人類平等化計画』　ベッキー・アルバータリ著／三辺律子訳／岩波書店
(13)『ウィル・グレイソン、ウィル・グレイソン』　ジョン・グリーン作、デイヴィッド・レヴィサン／金原瑞人、井上里訳／岩波書店
(14)『九時の月』　デボラ・エリス著／もりうちすみこ訳／さ・え・ら書房
(15)『３つ数えて走り出せ』　エリック・ペッサン著／平岡敦訳／あすなろ書房
(16)『ファニー13歳の指揮官』　ファニー・ベン＝アミ著／ガリラ・ロンフェデル・アミット編集／伏見操訳／岩波書店
(17)『凍てつく海のむこうに』ルータ・セペティス著／野沢佳織／岩波書店
(18)『キオスク』ローベルト・ゼーターラー著／酒寄進一訳／東宣出版

【他にすすめたい本】

『星の子』　今村夏子著／朝日新聞出版
『理科教室のヴィーナス』　戸森しるこ著／双葉社
『マイナス・ヒーロー』　落合由佳著／講談社
『ホームメイキング同好会』　藤野千夜著／理論社
『青春は燃えるゴミではありません』　村上しいこ著／講談社
『夜が明けたら、いちばんに君に会いにいく』　汐見夏衛著／スターツ出版
『海に向かう足あと』　朽木祥著／KADOKAWA
『スレーテッド１～３』　テリ・テリー著／竹内美紀訳／祥伝社文庫
『100時間の夜』　アンナ・ウォルツ著／野坂悦子訳／フレーベル館
『図書館は逃走中』　デイヴィッド・ホワイトハウス著／堀川志野舞訳／早川書房
『セブン・レター・ワード　7つの文字の謎』　キム・スレイター著／武富博子訳／評論社
『ジェリーフィシュ・ノート』　アリ・ベンジャミン著／田中奈津子訳／講談社
『ぼくとあいつと瀕死の彼女』　ジェス・アンドルーズ著／金原瑞人訳／ポプラ社
『アポロンと５つの神託１　太陽の転落』　リック・リオーダン著／金原瑞人、小林みき訳／ほるぷ出版
『さよなら、スパイダーマン』　アナベル・ピッチャー著／中野 怜奈訳／偕成社

を奮い、知恵を働かせ闘う。次に、ＬＧＢＴＱの物語。『パンツ・プロジェクト』(11)は、親がレズビアン、本人はトランスジェンダーである中一の奮闘ぶりを爽やかに描く。『サイモンvs人類平等化計画』(12)では、ゲイの高校生が「カミングアウトはゲイに限らず誰にでも平等に適用すべき」とする計画に到る。ゲイ友とのメール交換等での話の展開や、家族や友人達のキャラの造形も楽しめる。『ウィル・グレイソン、ウィル・グレイソン』(13)は、同姓同名の高校生（一人はゲイ、もう一人はヘテロ）の偶然の出会いが、ヘテロの親友のもう一人のゲイを主とする、様々な形の愛と友情を紡ぐ物語。『九時の月』(14)では、革命後のイラン、イラクと戦争中の同国で、一五歳の少女が同性愛者であり女性である事により、何重もの苦難を背負わされる道を辿る。先の作品に描かれたＵＳＡ社会とはまた違う世界の実情が、熱く胸に迫ってくる。

さらに、性差別とは別の切り口で、社会と家庭とＹＡを鮮やかに描いた『3つ数えて走り出せ』(15)。移民申請が却下された家族の少年と父からの暴力を受ける少年。二人の一三歳が、一・二・三で走り出した。この二人一組のランナーの疾走は、最終ゴールでマスコミを使った意見表明で、「移民制度」と「虐待家族」の桎梏からの逆転を勝ち取る。

ナチス関連の興趣深い歴史フィクションが本年も刊行された。ユダヤ人少女の命がけの逃避行『ファニー 13歳の指揮官』(16)、戦火を逃れようとする人々の海での惨事と運命に翻弄された若者達を描く『凍てつく海のむこうに』(17)、ナチスに併合されていくオーストリアで、老フロイトと出会った無垢な青年の物語『キオスク』(18)、である。

自然科学

大久保のぞみ（科学読物研究会）

すぐそこにある科学に「そうだったのか！」と気づいたとき、子ども達の視野はぐっと広がる。二〇一七年も、そんな気づきを与えてくれる本に出会えた。中でも、生物分野では、見事な写真で生き物の生態に迫る科学絵本が目をひいた。オリジナルのセンサーによる連続写真で「飛ぶ」に焦点をあてたのが『空を飛ぶ昆虫のひみつ』(1)である。昆虫の種類によってはねの使い方が異なることが解説されている。また、『さかなのたまご』(2)では、淡水魚がさまざまな方法で、卵を守り、命をつなぐ様子が紹介されている。ファンタジックな構成で楽しめるのが『**ようこそ花のレストラン**』（3）である。昆虫と花の関係を、レストランとそこにやってきたお客さんになぞらえたところがほほえましい。繊細な絵が魅力的な『**わたしたちのたねまき**』（4）では、植物の種がさまざまな方法で運ばれていくさまが描かれている。私達人間も、自然と共にあることがイメージできる読後感がよい。少し詳しく動物の生態が紹介されていて、中・高学年でも楽しめる写真絵本として注目したいのが、「**サバンナを生きる**」シリーズ（5）だ。今年は、『キリンのこども』『シマウマのこども』『カバのこども』と続き、全五冊となった。どれも女性写真家のあたたかなまなざしが感じられる写真で、動物の赤ちゃんの成長が紹介されている。調べ学習の本では、『**冬眠のひみつ**』（6）が、恒温動物、変温動物、植物の冬越しをわかりやすく解説している。高学年・中高生向けでは、若い研究者による作品によい作品があった。『**わたしのカブトムシ研究**』（7）は、カブトムシが一定の範囲に集中して分布するのはなぜなのか？　という疑問から、カブトムシの成長過程を解き明かしていく。自称「筋金入りのマンボウ大好き人間」の著者による『**マンボウのひみつ**』（8）は、マンボウ属の分類の研究を紹介した作品。分類研究に加えて、マンボウにまつわる噂や伝承、言い伝えや迷信についても言及しているのがユニークだ。いずれの作品も、研究対象とする生き物への愛にあふれていて、好きなことに真摯に取り組む姿勢に好感がもてる。さらに、仮説をたて、それを緻密な調査・観察によって立証していく、という科学的な研究手法も示してくれる。

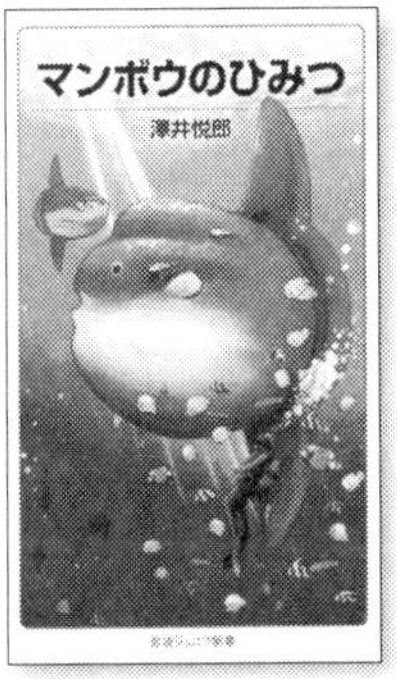

化学の分野では、二〇一六年一一月に名付けられ、日本初の元素として周期表に載ることになった「ニホニウム」を紹介した、『**ぜんぶわかる118元素図鑑**』（9）をおさえておきたい。「ニホニウム」は、どんな元素で、どのようにつくられたかから始まり、元素命名のルールや正式な名前が決まるまでの仮の名前についても説明されている。

宇宙への興味を誘ってくれる本として『**宇宙について知っておくべき100のこと**』（10）は親子で楽しめる本である。宇宙の基礎知識から、最先端の知見まで一〇〇のトピックが、インフォグラフィックという視覚的に理解しやすい手法を用いて解説されている。マンガ・CG世代の子ども達に受け入れやすいのではないだろうか。そして『**ロケット発射場の一日**』（11）は、内之浦宇宙空間観測所でのイ

◆自然科学リスト◆

（1）『空を飛ぶ昆虫のひみつ』 星輝行写真・文／少年写真新聞社

（2）『さかなのたまご　いきのこりをかけただいさくせん』（ふしぎいっぱい写真絵本 31）
内山りゅう写真・文／ポプラ社

（3）『ようこそ！花のレストラン』 多田多恵子写真・文／少年写真新聞社

（4）『わたしたちのたねまき　たねをめぐるいのちたちのおはなし』 キャスリン・o. ガルブレイス作／ウェンディ・アンダスン・ハルパリン絵／梨木香歩訳／のら書店

（5）「サバンナを生きる」 ガブリエラ・シュテープラー写真・文／たかはしふみこ訳／徳間書店

（6）『冬眠のひみつ』（楽しい調べ学習シリーズ） 近藤宣昭監修／ＰＨＰ研究所

（7）『わたしのカブトムシ研究』 小島渉著／さ・え・ら書房

（8）『マンボウのひみつ』（岩波ジュニア新書） 澤井悦郎著／岩波書店

（9）『ぜんぶわかる 118 元素図鑑』（子どもの科学★サイエンスブック） 子どもの科学編集部編／誠文堂新光社

（10）『宇宙について知っておくべき 100 のこと』 アレックス・フリス　アリス・ジェームス　ジェローム・マーティン文／フェデリコ・マリアーニ　ショウ・ニールセン イラスト／竹内薫訳・監修／小学館

（11）『ロケット発射場の一日』 いわた慎二郎作・絵／講談社

（12）『マングローブ生態系探検図鑑』 馬場繁幸監修　長島敏春取材・撮影／偕成社

（13）『地球儀で探検！　まわしながら新発見をしよう』（楽しい調べ学習シリーズ） 渡辺一夫著／小泉武栄監修／ＰＨＰ研究所

（14）『食べものはなぜくさるのか』（そもそもなぜをサイエンス５） 山崎慶太著／大橋慶子絵／大月書店

（15）「でんじろう先生のおもしろ科学実験室」（全５巻） 1. びっくり実験　2. ふしぎ実験　3. 工作実験　4. マジック実験　5. トリック実験　米村でんじろう監修／新日本出版社

【他にすすめたい本】

『スギの絵本』（まるごと発見！校庭の木・野山の木７） 正木隆編／宇野信哉絵／農山漁村文化協会

『動物がすき！ イリオモテヤマネコをとおしてみえたこと』 安間繁樹文／岡本泰子絵／福音館書店

『雪と氷』（楽しい調べ学習シリーズ別巻） 片平孝著／ＰＨＰ研究所

『ぜんぶわかる！アゲハ』（しぜんのひみつ写真館 8） 新海孝著／蟻川謙太郎監修／ポプラ社

『さくら研究ノート』 近田文弘著／大野八生絵／偕成社

『かがやく昆虫のひみつ』 中瀬悠太著・写真／内村尚志絵／野村周平監修／ポプラ社

『ぼくたち、ここにいるよ 高江の森の小さないのち』 アキノ隊員写真・文／影書房

『落ち葉のふしぎ博物館』 盛口満文・絵／少年写真新聞社

『月を知る！』 三品隆司構成・文／吉川真監修／岩崎書店

『なるほど呼吸学』 今井一顕著／少年写真新聞社

『水辺の鳥を観察しよう』（楽しい調べ学習シリーズ） 飯村茂樹著／ＰＨＰ研究所

『もしきみが月だったら』 ローラ・パーディ・サラス文／ジェイミー・キム絵／木坂涼訳／光村教育図書

『アンダーアース・アンダーウォーター 地中・水中図絵』 アレクサンドラ・ミジェリンスカ作・絵／ダニエル・ミジェリンスキ作・絵／徳間書店児童書編集部訳／徳間書店

『そうだったのか！ 初耳恐竜学』（ワンダーサイエンス） 富田京一著／小学館

『世界は変形菌でいっぱいだ』 増井真那著／朝日出版社

プシロンロケットの打ち上げの一日を描いた絵本である。細部までしっかり描かれた絵が臨場感たっぷりで、見学者の一員になった気分でページをめくっていける。

日本のマングローブ西表島の自然を紹介しているのは『マングローブ生態系探検図鑑』（12）。マングローブが海水の塩分に耐える仕組みがわかりやすく解説されている。最終章では、マングローブと人間の関わり、そして現代的な問題にもふれられていて環境問題を考える素材となるだろう。環境問題や多くの社会問題を考えるための大局的な視野を提示してくれるのが『地球儀で探検』（13）である。地球儀といえば、社会科という印象があるが、教科横断的な学習素材としてもっと活用していきたい。

身の回りの「なぜ?」から、その背景にある科学を紹介しているシリーズとして注目したいのが「そもそもなぜをサイエンス」シリーズだ。『食べものはなぜくさるのか?』（14）では、なぜものはくさるのか、ものがくさるとは科学的にはどう説明されるのかが解説されている。科学実験の本といえば、でんじろう先生の本が定番となっているが、新しいシリーズ『でんじろう先生のおもしろ実験教室』（15）全五巻は、よく整理されていてわかりやすく中学年から使えそうだ。科学実験をただ楽しいだけで終わらせないために必要なまとめがしっかりしているところも評価できる。

小中学校の調べ学習をにらんで出版される資料はありがたいが、他方で、そういう枠にとらわれず多様な視点で子ども達の興味を引き出すような作品が出版されることを期待している。

社会科学

竹田裕子（科学読物研究会）

今、世界各国は、政治・経済・宗教・民族など様々な面で揺れ動いている。小学校高学年からは政治経済や世界の国々や人々に関する学習もするが、今の社会情勢は大人にとっても複雑で理解しにくい。が、今ほど国際理解・各国事情を知ることが必要で、かつ目の当たりにできる時はないのではないか。フィクションや絵本にも国際理解を織り込んだ本が増えている。『14歳からのパレスチナ問題』（1）は、アメリカ大統領トランプ氏の「エルサレム首都発言」で大問題となった複雑なイスラエル・パレスチナ問題を、できる限りわかりやすく詳しく解説している。歴史を知ることの重要性を強く感じる。小学校中高学年向きには「**イスラームってなに?**」シリーズ（2）が出た。『**お金ってなんだろう?**』（3）は中学生以上向きだが後半に「イスラーム経済」の独特な考え方の解説があり興味深い。経済軍事大国中国の「**中国の歴史★現在がわかる本**」シリーズ（4）も出て、第2期第3期中国の紀元前からの歴史シリーズも続いて刊行が始まった。『**教科で学ぶパンダ学**』（5）は、上野動物園での二九年ぶりの「香香（シャンシャン）」誕生もあって目を引く。中国の政治経済的側面や戦略にも触れた多方向からのアプローチで、小学生には難しいかとも思われるが、詳しくて興味深い解説が詰まっている。「**シリーズ知ってほしい! 世界の子どもたち―その笑顔の向こう側**」（6）では、写真家で詩人の著者が、アフリカのスラムの子どもたちや少年兵の問題を提起している。白黒写真と短めの解説が、強く印象に残る。格差・貧困も紛争・難民と関連して世界的に問題になっている。東京オリンピックに向けての本もいくつか出ているが『**オリンピック・パラリンピック大百科　別巻**』（7）は「難民選手団」の存在に触れている。世界の紛争地で平和活動に奮闘してきた日本人女性で国連軍縮担当事務次長の中満泉氏の『**危機の現場に立つ**』（8）は、将来の生活や生き方を考えるのに参考になる内容だ。

世界的に温暖化による異常気象が続いている。アメリカのパリ協定からの離脱により資金不足による事態が心配されたが、経済界・企業を巻き込んだ世界的なCO_2削減の動きが出ているという。自国ファーストの国が増える一方、グローバル化がもたらした利点を生かした人類救済の動きも健在なようだ。「環境の本」は「**やさしく解説地球温暖化**」シリーズ（9）。保守管理面でも今問題になっているインフラを解説し、東日本大震災にも触れている「**みんなの命と生活をささえる　インフラってなに?**」シリーズ（10）が出た。仕事・生き方・伝記の本も数多く出て内容も多岐にわたっている。生活の中には今や人工知能AIがあふれている。従来のロボットとは違い、機能も形も多様になった。日本に視点を置いた「**日本の島じま大研究**」シリーズ（11）は国境の問題も扱っている。憲法「改正」議論はどうなっているのだろうか。憲法と三権分立に関する本も出た。日本は超高齢社会となり、介護や認知症が描かれた

絵本やフィクションも多い。『介護というお仕事』（12）の介護の本には、人の手と心のぬくもりを感じた。

学校図書館の充実と学校司書の配置率を高める何十年もの運動が続いているが、「学校図書館法」に「学校司書」の文言が入って、以前よりは充実したところも増えた。ここ何年か目に付くのは、学校図書館が購入することを意識しての出版が増えていることだ。ＰＨＰ研究所は、以前からある「楽しい調べ学習シリーズ」の枠組みを、学校で扱うテーマに照準をあわせて次々と出版している。岩崎書店は〈調べる学習百科〉とシリーズ名をつけて教科で扱うテーマや項目を詳しくわかりやすくまとめて出している。『親子で学ぶ！ 統計学はじめて図鑑』（13）は、小学校高学年で学習するのに今まで参考に使えるものがなかった統計に関する本だ。『フローレンス・ナイチンゲール』（14）は看護学だけでなく統計学の祖としての一面も描き、美しい絵が心に残る伝記絵本だ。伝記絵本は良いものがいくつか出た。漫画は、だいぶ図書館にも置かれるようになったが、まだ絵本のようにはいかない。「漫画から学ぶ生きる力」シリーズ（15）は、漫画の紹介・評論にもなっていて生き方がテーマの本だ。美術関係の本も様々出た。日本美術に関する本で良いものがいくつかあった。二〇二〇年から教科となるプログラミングの本は、毎週必ず出るほど目立って数多く出た。事前に家庭で学びたいという需要を見込んでのことだろう。「いくらかな？ 社会がみえるねだんのはなし」（16）は、自然・教育・福祉などを値段という視点から解説していて面白いが、雑学的な感じに少し流れている。

◆社会科学リスト◆

（1）『14 歳からのパレスチナ問題』―これだけはしっておきたいパレスチナ・イスラエルの 120 年―　奈良本英祐著／合同出版
（2）「イスラームってなに？」全４巻　長沢栄治監修／かもがわ出版
（3）『お金ってなんだろう？』―あなたと考えたいこれからの経済―〈中学生の質問箱〉長岡慎介著／平凡社
（4）「中国の歴史★現在がわかる本」第１期全３巻　西村成雄監修／かもがわ出版
（5）『教科で学ぶパンダ学』―歴史・地理・政治・経済生物・自然・環境・雑学―　稲葉茂勝著／小宮輝之監修／今人舎
（6）「シリーズ知ってほしい！世界の子どもたち―その笑顔の向こう側」（２巻まで刊行）米倉史隆写真・文／新日本出版社
（7）『オリンピック・パラリンピック大百科　別巻』―リオから東京へ―（全７巻・別巻）日本オリンピック・アカデミー監修／小峰書店
（8）『危機の現場に立つ』　中満泉著／講談社
（9）「やさしく解説地球温暖化」全３巻（２巻まで刊行）　保坂直紀著／こどもくらぶ編／岩崎書店
（10）「みんなの命と生活をささえる　インフラってなに？」全５巻　こどもくらぶ編／筑摩書房
（11）「日本の島じま大研究」全３巻（1・3巻刊行）稲葉茂勝著／田代博監修／あすなろ書房
（12）『介護というお仕事』〈世の中への扉社会〉　小山朝子著／講談社
（13）『親子で学ぶ！統計学はじめて図鑑』―レッツ！　データサイエンス―　渡辺美智子監修／青山和裕他著／日本図書センター
（14）『フローレンス・ナイチンゲール』　デミ作／さくまゆみこ訳／光村教育図書
（15）「漫画から学ぶ生きる力」サバイバル編・医療編・動物編　宮川総一郎監修／ほるぷ出版
（16）「いくらかな？社会がみえるねだんのはなし」全６巻（４巻まで刊行）　藤田千枝編／大月書店

【他にすすめたい本】

『イスラム世界さしいＱ＆Ａ』〈世の中への扉　社会〉　岩永尚子著／講談社
「シリーズ・貧困を考える」全３巻　稲葉茂勝著／池上彰監修／ミネルヴァ書房
『お仕事ナビ キャリア教育支援ガイド』13　ライフラインを支える仕事　お仕事ナビ編集室／理論社
『よくわかる人工知能』―何ができるのか？　社会はどう変わるのか？―〈楽しい調べ学習シリーズ〉松尾豊監修／ PHP 研究所
「社会でがんばるロボットたち」全３巻（１巻まで刊行）　佐藤知正監修／鈴木出版
「日本国憲法ってなに？」全５巻　伊藤真著／新日本出版社
「今こそ知りたい！三権分立」全３巻　こどもくらぶ編／山根祥利・平塚晶人監修／あすなろ書房
『考えよう！子どもの貧困』なぜ生じる？なくす方法は？〈楽しい調べ学習シリーズ〉　中島哲彦監修／ PHP 研究所
『よくわかる LGBT』多様な「性」を理解しよう〈楽しい調べ学習シリーズ〉　藤井ひろみ監修／PHP 研究所
『鳥獣戯画を読みとく』〈調べる学習百科〉　五味文彦監修／岩崎書店
『発明家になった女の子マッティ』　エミリー・アーノルド・マッカリー作／宮坂宏美訳／光村教育図書
『ぼくは発明家―アレクサンダー・グラハム・ベル―』／メアリー・アン・フレイザー作／おびかゆうこ訳／廣済堂あかつき
「はじめての浮世絵」世界にほこる日本の伝統文化（全３巻）／深光富士男著／河出書房新社
『仏像なんでも事典』―修学旅行・事前学習―　大谷徹奘監修／理論社

二〇一七年をふりかえって

広瀬恒子（親子読書地域文庫全国連絡会）

子どもの本の新刊が目まぐるしく発刊され、消長のテンポは早くなってきているのではないかと思っていた。

しかし、九一歳現役の加古里子の「だるまちゃんの絵本」シリーズ新刊三冊、『だるまちゃんとキジムナちゃん』（1）など同時刊行され六〇年代から今に至る三世代にわたって親しまれてきたそのいきの長さに、あらためて感じ入りもした。

昨年は「うさこちゃん」シリーズで赤ちゃん絵本のパイオニア的役割を果たしたオランダのブルーナが、そして日本では『じゃあじゃあびりびり』「ピーちゃん」シリーズ（ともに偕成社）などのまついのりこが旅立った。どちらの作家も原点に平和をねがう志を秘めておられた点で、共通するものがあった。

出版動向

二〇一七年の児童書新刊総点数は三四〇一点（国内二八七四点・海外五二七点『子どもと読書』編集部調査）と前年（三六〇八点）とほぼ同数で、大きな変化はみられなかった。海外へはアジア、欧州の一三か国へ翻訳されている。

出版傾向として近年「学校図書館向けのセット本」が活発になっているが、その傾向は昨年も続いており、中には東京オリンピックに向け「『英語』で夢を追うアスリート」シリーズ（2）といった英語表現によるものもあった。

絵本

新刊をジャンル別にみると絵本が一〇〇六点と全体の三〇パーセント近くを占めている。この割合もほぼ前年通りで変わりはない。

絵本の内容としてはこれまで自然科学、社会科学、ノンフィクションの分野が健闘してきているがこの傾向も続いている。

ノンフィクションの場合、写真ならではの力を発揮している。例えば『いきものかくれんぼ』（3）のように、生きものは他の生き物を食べて生きているわけだが、敵の目をくらますためどのようにみつからぬよう工夫しているかなど、肉眼では見えにくい場面をリアルに見せてくれる。

もう一方『その笑顔の向こう側 シリーズ知ってほしい！

◆2017年をふりかえってリスト◆

（1）**『だるまちゃんとキジムナちゃん』『だるまちゃんとはやたちゃん』『だるまちゃんとかまどんちゃん』**「だるまちゃんの絵本」シリーズ　加古里子さく・え／福音館書店

（2）**「『英語』で夢を追うアスリート」シリーズ全5巻**／くもん出版

（3）**『いきものかくれんぼ』**「いきものみーつけた」シリーズ　嶋田泰子文／海野和男・中村庸夫ほか写真／童心社

（4）**『その笑顔の向こう側：シリーズ知ってほしい！世界の子どもたち』**米倉史隆写真・文／新日本出版社

（5）**『ごちそうの木』**—タンザニアのむかしばなし　ジョン・キラカ作／さくまゆみこ訳／西村書店東京出版編集部

（6）**『金剛山のトラ』**—韓国の昔話—　クォン ジョンセン再話／チョン スンガク絵／かみやにじ訳／福音館書店

（7）**『エリック・カールのイソップものがたり』**イソップ著／エリック・カール再話・絵／木坂涼訳 偕成社

（8）**『なんにもせんにん』**唯野元弘文／石川えりこ絵／鈴木出版

（9）**『てをつなぐ』**鈴木まもる作／金の星社

(10)**『いろのかけらのしま』**イ・ミョンエ作・絵／生田美保訳／ポプラ社

(11)**『八月の光　失われた声に耳をすませて』**朽木祥作／小学館

(12)**『海に向かう足あと』**朽木祥著／KADOKAWA

(13)**『野心あらためず 日高見国伝』**後藤竜二著／光文社

(14)**『グリムのむかしばなし』**（1）（2）ワンダ・ガアグ編・絵／松岡享子訳／のら書店

(15)**『てんこうせいはワニだった！』**おのりえん作・絵／こぐま社

(16)**『プーカの谷 アイルランドのこわい話』**渡辺洋子編・訳／野田智裕絵／こぐま社

(17)**『僕は上手にしゃべれない』**椎野直弥著／ポプラ社

(18)**『パンツ・プロジェクト』**キャット・クラーク著／三辺律子訳／あすなろ書房

(19)**『ぼくはO・C・ダニエル』**ウェスリー・キング作／大西昧訳／鈴木出版

(20)**『ジョージと秘密のメリッサ』**アレックス・ジーノ作／島村浩子訳／偕成社

(21)**『カーネーション』**いとうみく作／酒井駒子画／くもん出版

(22)**『15歳、ぬけがら』**栗沢まり著／講談社

(23)**『ひかり舞う』**中川なをみ著／スカイエマ絵／ポプラ社

(24)**『ヒロシマのいのち』**指田和著／文研出版

(25)**『風船爆弾』**福島のりよ作／冨山房インターナショナル

(26)**『靴屋のタスケさん』**角野栄子作／森環絵／偕成社

(27)**『ファニー 13歳の指揮官』**ファニー・ベン=アミ著／ガリラ・ロンフェデル・アミット編／伏見操訳／岩波書店

(28)**『マーシャの日記 ホロコーストを生きのびた少女』**マーシャ・ロリニカイテ著／清水陽子訳／新日本出版社

(29)**『いのちは贈りもの ホロコーストを生きのびて』**フランシーヌ・クリストフ著／河野万里子訳／岩崎書店

(30)**『正義の声は消えない 反ナチス・白バラ抵抗運動の学生たち』**ラッセル・フリードマン著／渋谷弘子訳／汐文社

(31)**『図書館にいたユニコーン』**マイケル・モーパーゴ作／ゲーリー・ブライズ絵／おびかゆうこ訳／徳間書店

(32)『図書館につづく道』草谷桂子著／いしいつとむ絵／子どもの未来社
(33)『イギリス絵本留学滞在記』―現代絵本の源流ウォルター・クレインに魅せられて―正置友子著／風間書房
(34)『絵本で感じる憲法 ありのままのあなたが大切』山崎翠著／大月書店
(35)『ともに明日を見る窓 児童文学の中の子どもと大人』きどのりこ著／本の泉社
(36)『読みたい心に火をつけろ！』―学校図書館大活用術― 木下通子著／岩波書店
(37)『今すぐ読みたい！ 10代のためのYAブックガイド150!(2)』金原瑞人・ひこ田中監修／ポプラ社
(38)『子どもの本から平和を考える』児童図書館研究会編・発行
(39)『物語と歩いてきた道―インタビュー・スピーチ＆エッセイ集』上橋菜穂子著／偕成社
(40)『ほの暗い永久から出でて』―生と死を巡る対話― 上橋菜穂子、津田篤太郎著／文藝春秋
(41)『紙芝居百科』紙芝居文化の会企画制作／童心社

世界の子どもたち』（４）では、ケニアのスラムのくらしが生々しく紹介され、地球全体で考えていかなければならない重い課題に気付かされる。

　むかし話絵本は、主人公やストーリーの魅力が大きい。近年はこれまで余り馴染みのなかったアフリカやインドの『**ごちそうの木**』（５）、韓国の『**金剛山のトラ**』（６）またエリック・カールの再話による『**エリック・カールのイソップものがたり**』（７）。日本では『**なんにもせんにん**』（８）などが楽しめた。ストーリーよりテーマをアピールする絵本は、なんとなく観念的なおきまりのパターンになりやすく新鮮さに欠けるのだが『**てをつなぐ**』（９）は、まずもっとも身近なパパママから日々の暮らしにかかわる人々とその輪の広がりが生活実感から発していて地球上の生きものへとつながっていくその広がりが興味深かった。絵本の一冊として昨年の数ある中から特に印象に残ったのは『**いろのかけらのしま**』（10）である。島に住む鳥の目から人間が消費した色とりどりのプラスチックの残骸で埋まる島、そこで共通に考えねばならない社会的問題、それを読み手にユーモアをこめ「そうなんだ」と気づかせるその独創性のある表現に韓国絵本の並々ならぬ力量を感じさせられた。

よみもの

　大人と子どもの本のボーダレス化は八〇年代あたりから言われ久しい。一昨年も幼年童話『オムライスのたまご』（講談社）を書いた森絵都が三代にわたり塾を経営した家族の姿をリアリスティックに描いた『みかづき』（集英社）を著

し、朽木祥は『八月の光　失われた声に耳をすませて』(11)と、ともにディストピア小説『海に向かう足あと』(12)を、七年前に亡くなった後藤竜二の『野心あらためず日高見国伝』(13)が大人の文庫版として再刊されたなど、その傾向は続いている。

よみものでは、一～二年生対象の幼年童話の不振が言われて久しいのだが、『グリムのむかしばなし』(14)が再刊され、おはなしの面白さという普遍的要素を改めて考えさせられた。幼年童話として「こぐまのどんどんぶんこシリーズ」の『てんこうせいはワニだった!』(15)や『プーカの谷 アイルランドのこわい話』(16)などには、主人公のキャラづくりに工夫をめぐらしている感じがあった。

高学年、YAを対象とした作品の中でたとえば『僕は上手にしゃべれない』(17)『パンツ・プロジェクト』(18)『ぼくはO・C・ダニエル』(19)『ジョージと秘密のメリッサ』(20)など、吃音やトランスジェンダー、性同一性障害など心と体の問題を抱えた主人公の苦悩にかかわる作品が増えてきたこと、また日本の創作の場合、親子、友だちなどとの人間関係にこだわった作品が目立ったが、その中で『カーネーション』(21)の愛し合えない苦しさをかかえた母と娘の関係を妥協なく描いた作品が問題提起作として話題をよんだ。

登場する主人公が十代の中学生の物語は、総じて友人や親との人間関係に悩むストーリーが多い中で『15歳、ぬけがら』(22)は徹底して、主人公の食欲を満たすことに終始して描いた点、異色作として印象深い。

『ひかり舞う』(23)は激動の戦国時代、当時としては珍しかった男の縫物師として自分の信念をつらぬいて生きた平史郎と朝鮮から日本へ連れられてきた実在のおたあの人生を重厚に描いた歴史物語として、読みごたえのある力作であった。

戦争の記憶を風化させない物語として日本では『ヒロシマのいのち』(24)、『風船爆弾』(25)『靴屋のタスケさん』(26)などがあった。

海外作品には、第二次世界大戦の記憶『ファニー 13歳の指揮官』(27)『マーシャの日記 ホロコーストを生きのびた少女』(28)『いのちは贈りもの ホロコーストを生きのびて』(29)『正義の声は消えない 反ナチス・白バラ抵抗運動の学生たち』(30)など、非人間的戦争の傷あとを決して葬らず今につづく問題として提起しつづける根気力を貴重に思った。

本にかかわる者にとって図書館は欠かせない大事な存在なのだが**『図書館にいたユニコーン』**(31)、**『図書館につづく道』**(32)は、その図書館が主要な舞台となっていて興味を引かれる作品だった。

参考資料としてはまず絵本の研究、実践にかかわるものとして自らの留学体験から**『イギリス絵本留学滞在記』**(33)、文庫活動など実践から**『絵本で感じる憲法』**(34)を挙げたい。児童文学に関するものとしては**『ともに明日を見る窓』**(35)、YAへ向けては**『読みたい心に火をつけろ! 学校図書館大活用術』**(36)、**『今すぐ読みたい! 一〇代のためのYAブックガイド150! (2)』**(37)、**『子どもの本から平和を考える』**(38)があった。

作家として上橋菜穂子が自らのあしあとをふり返った作品創造の道**『物語と歩いてきた道』**(39)、また医師との対話の形で人間の死生観について語った**『ほの暗い永久から出でて』**(40)などが興味深かった。

実践の場で紙芝居の実演に参考になり役立ちそうな**『紙芝居百科』**(41)など子どもの本と文化にかかわる資料の刊行も活発であった。

2017年児童書新刊発行点数調査表　子どもと読書編集部調査

(　)は2016年

		0 総記	1 哲学	2 歴史	3 社会科学	4 自然科学	5 工学技術	6 産業	7 芸術	8 語学	9(文学) 単行本	9(文学) 文庫・新書	絵本	合計	総計	比率
幼児	国内	11	0	1	4	30	8	13	89	14	42	0	574	786	966 (914)	28.4% (25.3%)
	翻訳	0	0	0	1	4	2	0	40	0	20	0	113	180		
低学年	国内	10	4	3	12	53	12	12	32	5	115	0	204	462	555 (631)	16.3% (17.5%)
	翻訳	0	0	0	0	3	1	0	5	0	20	1	64	93		
中学年	国内	19	6	45	73	132	49	10	51	29	144	192	20	770	856 (898)	25.2% (24.9%)
	翻訳	0	0	0	0	15	1	0	3	0	40	9	18	86		
高学年	国内	8	10	48	83	54	11	12	35	12	178	96	5	552	672 (743)	19.8% (20.6%)
	翻訳	0	2	1	4	9	0	2	3	0	83	6	10	120		
中学生以上	国内	5	8	11	52	31	3	2	12	87	51	36	6	304	352 (422)	10.3% (11.7%)
	翻訳	0	0	2	3	6	0	0	3	0	27	5	2	48		
合計	国内	53	28	108	224	300	83	49	219	147	530	324	809	2874	3401 (3608)	
	翻訳	0	2	3	8	37	4	2	54	0	199	21	197	527		
総計	2017	53	30	111	232	337	87	51	273	147	729	345	1006	3401		
	2016	88	61	126	223	392	104	90	228	112	850	294	1040	3608		
比率	2017	1.6%	0.9%	3.3%	6.8%	9.9%	2.6%	1.5%	8.0%	4.3%	21.4%	10.1%	29.6%	100.0%		
	2016	2.4%	1.7%	3.5%	6.2%	10.9%	2.9%	2.5%	6.3%	3.1%	23.6%	8.1%	28.8%	100.0%		

紙芝居　50
翻訳書　475　中国、台湾、韓国をはじめとするアジア諸国、アメリカ、カナダ、他にフランス、ドイツなど欧州各国　合計13カ国

カランポーのオオカミ王

●ウィリアム・グリル　作
●千葉茂樹　訳
岩波書店
2017年９月　2000円（税別）

児童書の定番、シートン動物記で語られる「オオカミ王ロボ」の背景から後日譚までが描かれている絵本。

アメリカの西部開拓時代にオオカミは入植者たちに生きる場所を奪われていくが、カランポー地方には、王と呼ばれ恐れられたオオカミのロボがいた。博物学者シートンはロボと戦い、ロボに死が訪れる。その後、シートンは一切オオカミを殺さず、守るための活動をはじめる。

大型の絵本だが場面により小さな絵が数種類描かれ、一人で読む子は数々の場面を想像しながら読むことができる。本文の各章の最初や印象的な場面で挟まれる大型の絵が印象的。文章も頁数も多いため小学生以上の子どもに薦めたい大作絵本。

（渡邉基史）

きのうえのおうちへようこそ！

●ドロシア・ウォーレン・フォックス　作
●おびかゆうこ　訳
偕成社
2017年10月　1500円（税別）

ツリーハウスに住むツイグリーさんは変わり者。人が訪ねてきても隠れてしまう。人が嫌いってわけじゃないと本人は言うけれど、買い物も一緒に住んでいる犬に行ってもらい、訪ねてきたクマたちと遊んだりして暮らしている。そんな時、街が嵐になり、川が氾濫し大洪水になる。ツイグリーさんは、街の人たちをツリーハウスに招き、避難してきた動物たちも迎え入れ、ツリーハウスで一晩を明かす。

文章は少し長めだがストーリーはわかりやすく、絵もカラフルなため、読んであげれば幼児でも理解できるだろう。ツリーハウスに興味を持つ好奇心旺盛な小学生に薦めてもよい。一九六六年にアメリカで出版され世代をこえて愛されてきた絵本。

（渡邉基史）

じょやのかね

●とうごうなりさ　さく
福音館書店
2017年11月　1200円（税別）

年末年始に行われる日本の年中行事を題材にした絵本。

主人公の男の子は大晦日の深夜にお父さんと除夜の鐘をつきにお寺に出かける。暗い夜道を歩く緊張感と、お寺に到着した後の賑やかさのギャップが対象的に描写され、鐘をつくため行列に並び父親と順番を待つ場面では鐘の音が鳴り響くたびに男の子の好奇心と緊張感が高まっていく。

絵本ではあまり取り上げられなかった除夜の鐘を題材にモノクロの版画で丁寧に描かれた世界は新鮮に感じる。文章は淡々と語られながらも気持ちの高揚を感じることができる。幼児から読んであげられるが、小学生への除夜の鐘の理解のため薦めてもいいだろう。

（渡邉基史）

おとのさま、小学校にいく

●中川ひろたか　作
●田中六大　絵
佼成出版社
2017年12月　1200円（税別）

小学校に通う子どもたちを見て自分も行ってみたくなったおとのさま、校長先生の計らいで一日だけ体験入学ができることになる。お気に入りのランドセルを用意して、筆箱には鉛筆を入れて、元気よくお伴のさんだゆうと一緒に登校する。

授業では、おとのさまの自由な発想が冴えわたり、子どもたちも触発されて素直でのびのびとした声が上がる。図工の時間は、おとのさまをモデルに絵を描くことに…。登場する名画のパロディが秀逸で笑ってしまう。

新年度を控えて小学校生活への期待に胸膨らませている子どもたちに読んでほしい物語。好奇心旺盛なおとのさまと一緒に楽しい学校生活を想像し、元気に登校して行くことを願って。（沼田陽子）

ツトムとネコのひのようじん

●にしかわおさむ　ぶん・え
小峰書店
2017年11月　1200円（税別）

元気で生き物が大好きなツトムのまわりで巻き起こる、秋から冬にかけての小さな事件が六編収録されている。

表題作は、寒い冬の夜、火の用心を呼びかけるネコパトロールがやってくる。「ひの　よーじん」「ニャー　ニャー」と勇ましく行進してきて、ちょっと寄り道。ツトムと一緒にホットミルクで温まる。

どのお話も季節の移り変わりが、言葉の描写によって感じられ、風や空気の匂いが伝わってくる。どんな友だちとも仲良くなれるツトムの優しくて、真っ直ぐな気持ちが心地よい。かわいらしい挿絵が、ファンタジー世界にすんなり入りこめる効果をもたらしている。

朝読書のひとりよみにぴったりな一冊。（沼田陽子）

口ひげが世界をすくう?!

●ザラ・ミヒャエラ・オルロフスキー　作
●ミヒャエル・ローハー　絵
●若松宣子　訳
岩波書店
2017年11月　1500円（税別）

このタイトルと表紙だけで愉快な予感がする。奥さんを亡くした祖父は、生きる気力を失い悲しみから抜け出せない。ある日、新聞広告に掲載されていた「世界ひげ大会」に興味をもち、孫のヨナタンと一緒に世界一になるため、ひげの手入れに精を出し始める。ラストまで次の展開が予想できないワクワク感に包まれ、ユーモラスで読みごたえのある作品。

オーストリアの生活が描きこまれた挿絵も素敵で外国を感じることができ、随所に遊び心が散りばめられている。おじいさんの自慢のひげも最後まで隠され、憎い演出が読者を飽きさせない。低学年には少し長い物語ではあるが、おもしろさに引き込まれる。読後は男性のひげに注目すること請け合い。（沼田陽子）

つくえの下のとおい国

●石井睦美　著
●にしざかひろみ　絵
講談社
2017年10月　1400円（税別）

マナとリオの姉妹がおじいちゃんにもらった古い机の下にもぐりこんで遊んでいると、「トホウ・モナイ国」から来たモモジョという、ピンク色の毛糸の固まりのようなものが現われる。壁に吸い込まれていくモモジョを追って、壁の中に入っていった二人の前に広がっていたのは、初めて見るような、どこかで見たことがあるような風景だった。

モモジョと、「トホウ・モナイ国」の公爵フムフムが言うには、子どもたちから忘れ去られたこの世界はもやに覆われ、やがて闇が支配するという。マナとリオはもやを消し、自分たちの「トホウ・モナイ国」を探す旅に出る。

幅広い年齢の子どもたちに読んでほしいファンタジー。（広島市こども図書館）

とびきりすてきなクリスマス

●リー・キングマン　作
●山内玲子　訳
岩波少年文庫
2017年10月　640円（税別）

「どうぞ、とびきりすてきなクリスマスにしてください」空の星に向かってお願いするエルッキは一〇歳、一〇人きょうだいの五番目の男の子。にぎやかな家族に囲まれてクリスマスを待ち遠しく思っていたある日、一番上の兄マッティが乗った船が行方不明になったという知らせが届く。クリスマス気分も吹き飛び家中が沈むなか、エルッキは毎年家族にプレゼントをくれる兄の代わりに、自分が皆の欲しいものを手作りしようと思いつく。そしてクリスマスの日、思いもかけない贈り物に一家は喜びに沸く。

お互いを思う家族の愛情が詰まった話。バーバラ・クーニーが描く、白黒の挿絵が温かみを増す。一九九〇年刊行の同書を文庫化。（広島市こども図書館）

図書館にいたユニコーン

●マイケル・モーパーゴ　作
●ゲーリー・ブライズ　絵
●おびかゆうこ　訳
徳間書店
2017年11月　1300円（税別）

トマスは自然の中を駆け回るのが大好きで、学校から帰ると一目散に森や山に遊びに出かけていたが、ある日母さんに無理やり村の図書館に連れて行かれる。気の進まないトマスがそっと中を覗いてみると、木でできた一頭のユニコーンがいて、女の人がユニコーンの背に座って子どもたちに静かに話し始めた。

トマスはこの「ユニコーン先生」のお話に夢中になり、それからというもの、図書館のお話会が大好きになる。そしてトマスだけでなく、学校中の子どもたちが図書館に通うようになった。しかし、村が突然戦火に見舞われ、図書館に火の手があがる。

お話や本の力を信じた人々の姿を描いた作品。（広島市こども図書館）

絵物語　古事記

●富安陽子　文
●山村浩二　絵
●三浦佑之　監修
偕成社
2017年12月　1600円（税別）

「なになに、この国のはじまりのことをしりたいというのかな?」で始まる、語り口調が魅力的なこの作品は、日本最古の歴史書『古事記』を富安陽子流にアレンジしたもの。『古事記』は上巻・中巻・下巻からなるが、ここでは上巻の神話の部分が描かれている。ヤマタノオロチや稲羽の白うさぎ、海幸彦・山幸彦といった話を含め、一三編からなる。

「絵物語」とあるように、二四〇頁あまりにおよぶ本編のすべてに山村浩二の絵がある。その迫力に圧倒されるが、文章と織りなすハーモニーは絶妙と言える。古事記はちょっと難しそうで苦手だと感じている子どもは多い。そんな子ども達に、こんなにも楽しく読める本があることを知ってもらいたい。（渡辺敬子）

唐木田さんち物語

●いとうみく　作
●平澤朋子　画
毎日新聞出版
2017年9月　1400円（税別）

父母と五男三女の八人きょうだいという自分の家族を大家族だと気づいたのは小学一年生のとき。作文で家族というお題がでると困ってしまう五年生の史朗。

ある日、長姉に子どもを二人抱える中年男との結婚話が持ち上がり、とまどう家族たち。しかし相手の人柄を知ったきょうだいは、姉を応援する。そんな中、写真家の父が仕事先から謎の少年翔太を連れて帰り、唐木田家はさらに大家族に。面倒見のよい史朗は翔太を可愛がるが、やがて彼は実父の元に戻ることになる。

史朗が書いた作文「ぼくの家族」には姉が結婚して家を出ることは家族が減ることではなく増えることなんだという彼の気持ちが素直に表れており、成長が窺える。心温まる物語。（宮崎祐美子）

次元を超えた探しもの
アルビーのバナナ量子論

●クリストファー・エッジ　作
●横山和江　訳
●ウチダヒロコ　絵
くもん出版
2017年10月　1500円（税別）

高名な科学者の両親を持つ少年・アルビー。母親に癌が発見されたために、スイスの研究所からイギリスの小さな町へ移るが、治療の甲斐なく母はそのまま亡くなってしまう。父親からパラレルワールドの話を聞いたアルビーは、母がまだ生きている別の世界を求めて、量子物理学の実験を始める。ついにパラレルワールドへの移動を成功させたアルビーが出会ったのは…?

難しい理論が理解できなくても、母を求めるアルビーの物語として高学年から十分に楽しめる作品。科学好きの子にも物語に親しむ一冊として紹介できそうだ。男の子にも手に取りやすいように意識したという表紙のデザインもよい。（小野寺千秋）

世界は変形菌でいっぱいだ

●増井真那　著
朝日出版社
2017年11月　1800円(税別)

変形菌と暮らしはじめて一〇年、日本変形菌研究会会員であり受賞歴多数の著者は一六歳。五歳のころ、テレビ番組で見た変形菌にひとめぼれし、研究会の先達に学びながらフィールドワークをはじめた。自宅に連れて帰った「子」を飼育し観察し、自宅で実験・研究を続けている。変形菌とはどんな生き物なのかが、色とりどりの写真とユーモアのある語り口調で紹介されている。自然の恵みを尊重する「フィールドワーク五箇条」や変形菌への細やかな心配りが彼の研究のゆるぎない基盤であることがわかる。目下、変形菌の変形体は、自分と他者を認識しているのかを研究中だという。ページをめくるたびに「変形菌っておもしろい!」と感じられる作品だ。　(大久保のぞみ)

そうだったのか! 初耳恐竜学〈ワンダーサイエンス〉

●富田京一　著
小学館
2017年11月　900円(税別)

ハンディータイプの本で、流行りのタイトルだが、内容は最新の知見を盛り込んだかなり骨太の作品である。まずは「恐竜」の定義から、恐竜と鳥の関係を解説。そして、二〇一七年三月にイギリスのマシュー・バロン博士らによって発表された論文によって、一八八八年以来約一三〇年間続いてきた骨盤の形によって竜盤類と鳥盤類の大きな二つのグループにわける分類が見直されることになったという最新の動向が紹介されている。最終章、「恐竜はどうやって鳥になった?」では、中国やシベリアでの羽毛をもった恐竜化石の発見にふれ、恐竜がいかにして「羽ばたく」ようになっていったのかを考察していく。コラム「ドクタートミーの恐竜　虎の巻」も楽しい。(大久保のぞみ)

クニマスは生きていた!

●池田まき子　著
汐文社
2017年11月　1500円(税別)

秋田県田沢湖のクニマスは一九四〇年後ごろ、発電所の建設・稼働により水質の変化したことで絶滅してしまった。しかし、それから約七〇年後の二〇一〇年、富士五湖のひとつである西湖でクニマスが再発見され、「クニマスは生きていた!」の報道があったことは、まだ記憶に新しい。なぜ田沢湖にしか生息しないとされてきたクニマスが西湖で見つかったのか?　最後のクニマス漁師となった三浦九兵衛さんは、クニマスのふ化場の仕事に携わっていた祖父が、西湖や本栖湖など各地の湖にクニマスの卵を送っていたことを確認。クニマスをいつか田沢湖に里帰りさせようと奔走する。本書から開発と環境破壊、そして生態系のバランスについて考えてほしい。　(大久保のぞみ)

一〇五度

●佐藤まどか　著
あすなろ書房
2017年10月　1400円（税別）

主人公の真は、椅子デザイナーを目指す中学三年生。同じく椅子大好きで原寸模型を作る女子・梨々と出会い、中学生ながら「全国学生チェアデザインコンペ」へ挑戦する。真は、別の進路を強制する父との確執や梨々との「チームを組む」ことの難しさに悩むが、椅子職人だった祖父をはじめ見守ってくれる周囲の大人達の支持を受け、人と人との繋がりは一方的ではなく相互にちょっと寄りかかりあうバランスが最適だと気付き、椅子の背もたれの角度を「人」が支えあう文字の一〇五度に決め、コンペに出品する。

父の紹介するプロを通して、デザイン業界やクリエイターのシビアな現実に触れ、それでも自分の行くべき道を踏み出す主人公の真摯さが心に響く。（大江輝行）

嘘の木

●フランシス・ハーディング著
●児玉敦子　訳
東京創元社
2017年10月　3000円（税別）

一九世紀後半の英国に生きる一四歳の少女・フェイスは博物学者である父を崇拝してきた。しかし化石捏造のスキャンダルに見舞われ父は失脚、逃れた島でも…。やがて父は謎の転落死。この死は自殺とみなされ、まともに埋葬されない。フェイスは父の殺害を確信し、父の秘密の研究「嘘の木」―嘘を養分に成長し、その実を食すと真実を夢見る―という植物を利用して、真相究明に挑む。

女性の方が頭蓋骨が小さいので知的に劣るという「科学的事実」がまかり通っていた時代に、様々な桎梏に抗しながら、成長していくフェイスの利発さと好奇心の強さに魅せられる。それにしても、嘘を多く広める事で、より確かな真実が得られる「嘘の木」とは！　（大江輝行）

6番線に春は来る。そして今日、君はいなくなる。

●大澤めぐみ　著
角川スニーカー文庫
2017年11月　620円（税別）

難関の進学校に入学した優等生の香衣、サッカー部のエースで香衣の彼氏のはずの隆生、香衣に一目惚れの不良・龍輝、抱えた秘密を隠すため香衣の親友を演じるセリカ。長野県に暮らす四人の高校生達が織りなす青春群像ドラマ。

一章ごとに語り手が変わり、視点が変わるごとに彼らは異なる一面を見せながら、深まる恋と友情の三年間を過ごす。

その年代のうまく言葉に表せない揺れ動く気持ちが、ユーモアを交えた日常生活の繊細な描写により浮上し、その流れの中で、突如、独白される彼らの「別れの物語」が切実さを持って胸に迫る。

読後、YAは、この四人の交錯する「別れ」と、それを通して成長する姿に、強い共感を覚えるであろう。　（大江輝行）

子どもたちと科学の本の楽しさを！

●勝谷志保子

大分・児童文学と科学読物の会

　児童文学と科学読物の会は、「子どもたちと科学の本の楽しさを、科学する喜びを」をモットーに大分で活動している読書会です。一九九一年、故辛島泉さんが二人の仲間と創立、科学の本も児童文学も読みたいとの思いから「児童文学と科学読物の会」とちょっと長め、思いのままの会名がつけられ、二六年目を迎えました。現在会員二一名、六〇代を中心に好奇心旺盛なメンバーが集って活動しています。科学読物と冠していると、理系出身者の集まりを想像されるかと思いますが、入会してから「科学ってこんなにも面白いものだったのか！」と科学読物や科学あそびに夢中になった人もたくさんいます。会員の多くが学校や地域での読み聞かせや科学あそびに関わっており、会の活動で培ったエネルギーを、それぞれの地域に広げています。

　会の主な活動は月に一度の定例会と、子どもたちとの科学あそびの会です。定例会は県立図書館の研修室で第三火曜日に行っています。読書会は輪読に始まり、本読み、担当者による課題書のレポート、参加者の感想と進行します。本読みは課題書に関連した本を担当者が選書して読みます。学校などに読み聞かせに出かける会員にとっては、本を読んで貰う体験は参考になります。レポートは担当者それぞれ、様々な切り口から展開されます。フィールドに出て観察、採集をしてくる人、県外の科学館まで出かけて報告する人、関連書をブックトークする人等々、毎回何が飛び出すか楽しみです。『チェリー・イングラム―日本の桜を救ったイギリス人―』（阿部菜穂子・岩波書店）

が課題書に取り上げられた春は、担当者によって桜見所マップが作成され、開花情報が連絡網で流れ、それ！　と見学ツアーが組まれて、桜三昧の日々となりました。本当に好奇心旺盛な会員たちです。一〇時から始まった例会が、気がつくと午後三時過ぎということも度々です。

現在の輪読のテキストは『科学と科学者のはなし―寺田寅彦エッセイ集―』（池内了編・岩波少年文庫）。明治時代の物理学者寺田寅彦の、身近なものに科学の面白さが潜んでいることを書き綴ったエッセイを、毎回一編ずつ輪読しています。

課題書は五月の総会時に候補本を持ち寄り決めています。今年度の課題書は、『おしゃべりな貝―拾って学ぶ海辺の環境史―』（盛口満・八坂書房）、『水力発電が日本を救う』（竹村公太郎・東洋経済新報社）、『かしこい単細胞　粘菌』（中垣俊之・福音館書店）、『五日市憲法草案をつくった男・千葉卓三郎』（伊藤始・杉田秀子・望月武人・くもん出版）、『円周率の謎を追う―江戸の天才数学者・関孝和の挑戦―』（鳴海風・くもん出版）、『白川静入門―真・狂・遊―』（小山鉄郎・平凡社新書）と多様なラインアップになりました。自分一人の

読書では手に取ることのない本に読書会を通して出会うことができます。会員一人一人の感性のアンテナに触れた本が持ち寄られるので、決定される課題書が多様なジャンルとなるのは必然のこと。その事を会の活動で大事にしていきたいと考えています。お薦めの日本の児童文学を紹介し合う会、科学あそびの研修会等も行っています。会報「科楽知タイム」を発行し、例会の内容を報告しています。

　科学あそびの会は、公民館や図書館など四か所で定期的に行っています。夏休み等に要請を受けて科学あそびの出前に出向くこともあります。我が会オリジナルのわくわく万華鏡作り、タネが飛ぶ、音で遊ぼう、バランスで遊ぼう、ドライアイスは魔法使い等が我が会の十八番です。科学あそびでは、毎回子どもたちの発想の豊かさに驚かされ、新しいアイデアを子どもたちから貰っています。それらは会に持ち帰り、次の科学あそびへの改良工夫につながっていきます。会の始まりには、科学の本読みを入れ、最後には関連する科学の本を紹介することを心がけています。身近なものを使って遊び、不思議だな、面白いな！　という体験を子どもと一緒に楽しんでいます。

　読書会を長年続けていると、時に思いがけない素敵な出会いがあります。本が人を呼んで来るといった所でしょうか？　課題書として取り上げたご縁で、広瀬恒子さん、藤田千枝さん、盛口満さん、渡辺政隆さん、土佐幸子さん、アーサー・ビナードさん、真鍋真さん等々著名な方々に大分までお出かけいただき、膝を交えて話をうかがうという幸せな時間を持つことができました。

　レイチェル・カーソンは著書『センス・オブ・ワンダー』上遠恵子訳（新潮社）で「生まれつきそなわっている子どものセンス・オブ・ワンダー（神秘さや不思議さに目を見はる感性）をいつも新鮮にたもちつづけるためには、わたしたちが住んでいる世界のよろこび、感激、神秘などを子どもといっしょに再発見し、感動を分かち合ってくれる大人が、すくなくともひとり、そばにいる必要があります」と述べています。私達も、その大人の一人になれたらと願っています。これからも好奇心旺盛な仲間と子どもたちと、科学の面白さを、科学読物、児童文学の楽しさを探求する活動を続けていきたいと思います。

やってみない?!

牛乳パックで作る

「吹きごまぶんぶん」

用意するもの

- 牛乳パック
- 色画用紙（なるべく薄口のもの）
- コピー用紙
- 木綿糸　・ミシン糸
- ボンド　・目打ち　・はさみ

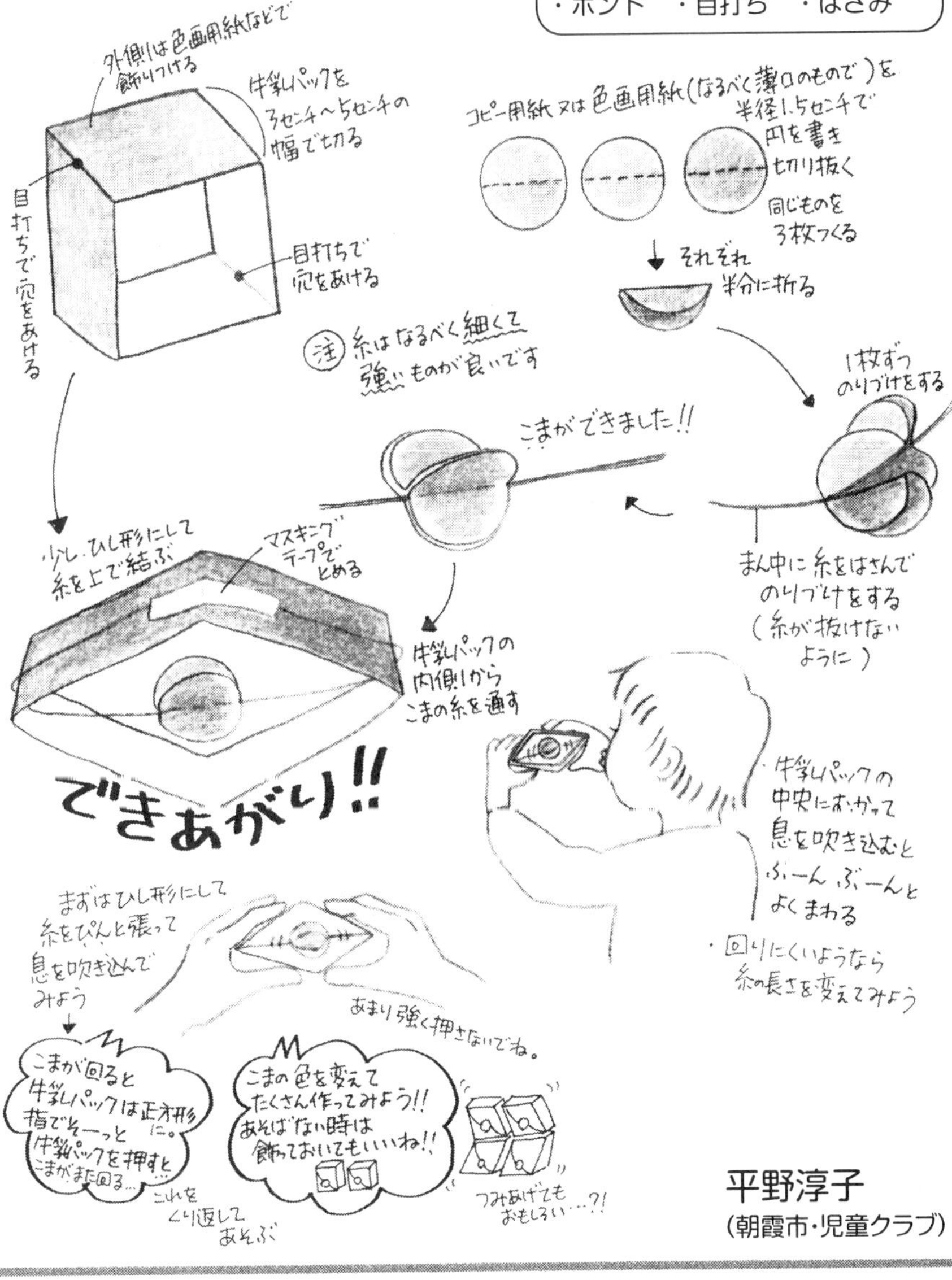

外側は色画用紙などで飾りつける
牛乳パックを3センチ～5センチの幅で切る
目打ちで穴をあける
目打ちで穴をあける
注 糸はなるべく細くて強いものが良いです
コピー用紙又は色画用紙（なるべく薄口のもので）を半径1.5センチで円を書き切り抜く
同じものを3枚つくる
それぞれ半分に折る
1枚ずつのりづけをする
まん中に糸をはさんでのりづけをする（糸が抜けないように）
こまができました!!
少し、ひし形にして糸を上で結ぶ
マスキングテープでとめる
牛乳パックの内側からこまの糸を通す
できあがり!!
・牛乳パックの中央にむかって息を吹き込むとぶーん ぶーんとよくまわる
・回りにくいようなら糸の長さを変えてみよう
まずはひし形にして糸をぴんと張って息を吹き込んでみよう
あまり強く押さないでね。
こまが回ると牛乳パックは正方形に。指でそーっと牛乳パックを押すとこまがまた回る…
これをくり返してあそぶ
こまの色を変えてたくさん作ってみよう!! あそばない時は飾っておいてもいいね!!
つみあげてもおもしろい…?!

平野淳子
(朝霞市・児童クラブ)

中満泉さんは一九六三年生まれ。早稲田大学の交換留学プログラムで初めて海外に行き、一年間暮らした。アメリカのジョージタウン大学大学院を修了し、一九八九年に国連入り。人道支援や平和維持活動で活躍し、二〇一七年五月には国連の軍縮部門のトップ・軍縮担当上級代表に就任。そして、同年七月に国連で採択された核兵器の開発や保有を禁止する条約「核兵器禁止条約」の成立に大きな役割を果たした。広島、長崎・原爆の日の式典への参加もあり、メディアに取り上げられることが増えている注目の人物である。この本は、著者が主に自身の娘世代である中高生など、これから社会に出る子どもたちに対して二〇一六年までの半生を綴った、初の単著である。

　この本は次の四点から、小学校高学年以上の読者を想定しているとわかる。

・漢字には全てルビがふられている
・文中でアスタリスク(＊)をつけた用語の説明が、各パートの最後に一括して掲載されており、「国連」の説明から行われている
・「さくいん」がある
・難しい言い回しが無く、わかりやすい

作品をよむ

青野由美
(明治学院中学校・東村山高等学校　司書教諭)

危機の現場に立つ

中満《なかみつ》　泉　著
講談社

大学時代の初海外での留学経験で、夢だった「国連に入りたい」という目標が具体化した。大学院を修了し入った国連で、上司や状況から「仕事の上でも『誠実さ』がいかに重要であるかということ」と、「正直に努力を重ねて、時には苦しみ悩みながら、自分が持っているモラル・コンパス（倫理基準）を磨き育て、それを使っていろいろなことを判断し、日々仕事を積み重ねていく」ことを学んだという。上司には、日本で有名な方も登場する。

　一九九一年、国連難民高等弁務官事務所（ＵＮＨＣＲ）にいたときには、緒方貞子・難民高等弁務官の着任後初視察のプログラム調整と随行サポートを命ぜられた。「小柄ながらエネルギーを発散し、躊躇せずに多くの質問を投げかけてくれる緒方さんにそれまでとまったく異なるリーダーの姿を見て、私は感銘を受けたのでした。そして、それが私と

同じ日本人女性であることはとてつもなくうれしいことでした」と述べている。

また、一九九三年には国連保護軍事務総長特別代表事務所に出向。一九九四年、このトップに明石康・事務総長特別代表が就任。旧ユーゴスラビア中を飛びまわる明石代表に随行し停戦交渉などに関わった。「明石さんの下で経験し学んだことはいくつもありますが、紛争が続くなかで国連がいかに活動すべきなのか」を深く考えさせられた。それは、国連でいわれる「中立性」、すなわち「紛争のどの当事者にも偏らない」ことを考えるものだった。

その後、スウェーデン政府の外交官と結婚。夫が「女性も仕事をして当たり前、家族を持つのも当たり前、パートナー同士助け合えば両方可能なのが当たり前」という「スウェーデン式家族観」の持ち主なのが新鮮だった。一九九八年に国連を離れスウェーデンのストックホルムに引っ越し、出産と四年間の子育てを経験。それから「下の娘は、二〇〇四年に日本で生まれ、四歳まで日本で子育て経験することになって、スウェーデンと日本との違いを直接経験」した。この経験により、スウェーデンも短所があるとはいえ「ごく当たり前に仕事をしながら子どもを育てることができる環境をつくり出して」いることを実感した。二〇〇八年の国連復帰後は、「国連のオフィスでは子どもを連れていくことが当然のこととして受け入れられており」娘たちを連れていったので、現在娘たちは自然にキャリアのことを考えるようになった。

仕事では、国連の平和維持活動（PKO）にたずさわった。とくに重要な「現場レベルでの「抑止力」、つまり暴力を起こさせない力」を効果的に発揮するために明確に「もし必要であれば、武力行使を躊躇しない」態度表明が常に必要だった。

「結びにかえて」を「未来を創るみなさんへ」として、ここまでに綴った世界中の紛争地で見たこと、国連で働く意義、子育てとの両立などをふまえて、伝えたいことを述べている。例えば、国際協力の舞台で働くためには、「自分の信念と何をしたいのかをしっかりと考えること」に加え、語学力を含めたコミュニケーション能力と、「自分の頭で考え判断する能力」が必要である。何も海外で仕事をする際とは限らないが、より重要なのだ。

この本は、海外で仕事し生活する様子を知りたい人に読んで欲しい。また、国連のような海外の機関で働きたいと思う子どもたちや、海外で働くことを相談されるがこれまで国連の活動や国際的な動きを気にしてこなかった人に向いているだろう。国際的な流れをつかんでいる人にとっては、国連全体のことが読み取れるわけではないので、少し物足りないかもしれない。

ものの善悪を本質的に考えてコンパスを磨き、人脈を大切にし、その状況をみきわめて努力し、知恵をしぼりしなやかに生きる姿を読むうちに、背筋が伸びる。この本を読んだ子どもたちが創り出す未来を想像し、ワクワクしませんか。

よかったよ☆この本

らくだい魔女と鏡の国の怪人

成田サトコ　作
千野えなが　絵
ポプラ社

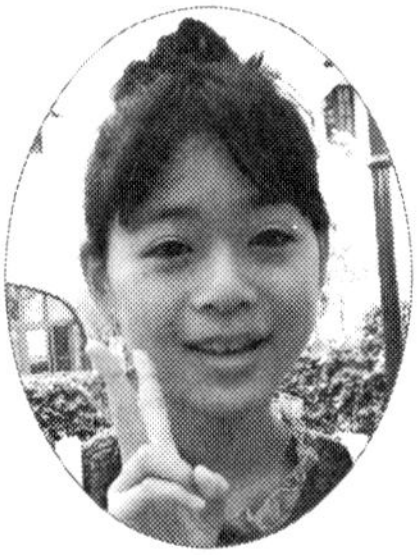

本谷天空（もとたに　そら）

富山市立山室小学校　6年

私は小さい頃、母によく「はなさかうさぎのポッポ」という絵本を読んでもらってからずっとファンタジーの本が大好きです。最近読んだのは、「らくだい魔女」「魔女犬ボンボン」（廣嶋玲子作　KeG絵　角川つばさ文庫）シリーズです。どちらの話も、まだうまく使えない魔法を主人公、仲間たち、犬（ふつうは猫？）と共に、自分の国を守るために悪い敵と戦い、冒険しながら謎の魔法を解き成長していきます。魔女といってもまだまだ見習い中、ちょっぴりドジもするけれど、前向きに進んでゆく姿にひかれます。

また、本に描かれている挿絵も大好きで、よくまねて絵本を書いています。

皆さんも大好きな本に出会い、楽しみませんか？

子ども・子どもの本 きりぬきジャーナル

【赤ちゃん泣いてもいいよ】（読売11／15）「気にしない」ステッカー。声に寛容な図書館も。社会で育む雰囲気作り。

【日本の高校生演説。中国が圧力】（毎日11／17）8月軍縮会議、核廃絶訴え見送り。日本政府への圧力。

【LINEいじめ相談、全国へ】（朝日11／17）年内にも協議会立ち上げ。

【性的少数者の制服、どうすれば】（朝日11／17）福岡県弁護士会主催。当事者・教員らがシンポジウム。

【特別養子縁組年齢上げ】（読売11／18）法制審に諮問へ。10代後半も検討。

【教員96％「部活で悩み」】（各紙11／18）スポーツ庁調査。公立中 生徒2割「時間長い」

【図書室で力育む「探究型学習」】（朝日11／18）東京純心女子中学・高校。本質を見極め判断する人に。

【「こども園」移行に地域差】（読売11／19）全国5千か所に増加。東京など移行にぶい。

【子ども乗せて50年】（読売11／19）東村山「くめがわ電車図書館」。地域文庫として。

【貧富による学力差、小4から拡大傾向】（読売11／20）日本財団、箕面市の調査データを分析。

【10代のSNS危険性】（読売11／21）ツイッター利用6割、犯罪被害も増加。

【保育士賃金引き上げに】（各紙11／21）「保育費無償化より待機児童対策を」批判受け。

【困難な環境にある子どもを本で支援】（毎日11／21）日本国際児童図書協議会「希望プロジェクト」

【障害児の親心、伝えたい】（毎日11／22）親がいなくなった時に備えて小冊子「親心の記録」を無償配布。ネットで寄付募る。

【「協力し問題解決」日本2位】（各紙11／22）PISAの協同問題解決能力調査。15歳対象。

【公立中制服「安くできる」】（朝日11／22）全国調査受け公取委が提言へ。学校側の交渉や販売店選択に入札も。

【3～5歳、認可保育無料】（各紙11／25）認可外は月3.5万円上限に助成。

【虐待児スピード保護】（読売11／28）「頭にあざ」6自治体が独自基準。厚労省も指針作成へ。

【小中教員 不足357人】（毎日11／28）67教委調査「非正規」頼み困難に。

【教員勤務時間に上限を】（各紙11／29）中教審働き方改革案提出へ。

【希望生徒に無償提供】（毎日12／2）越谷のNPO、不要の制服と部活動道具を再利用。

【困窮家庭の子、区が受験対策塾】（朝日12／2）足立区はばたき塾。目標は難関校。

【学生、遠のく米留学】（朝日12／4）米国調査、日本国別8位。中国・インド台頭。

【脱・暗記、考える大学入試】（朝日12／5）21年開始。共通テスト試行調査問題公表。高校生苦戦の傾向。

【保育基準「国並み」促進】（朝日12／6）国より手厚い自治体対象。質低下の懸念も。

【小学生とスマホ、親向け読本出版】（朝日12／8）名古屋の養護教諭ら。

【都立高入試に「話す」英語】（各紙12／14）教委方針、全国初の公立義務化。

【匿名の出産、受け入れ検討】（各紙12／15）「赤ちゃんポスト」の熊本・慈恵病院。母子の安全を図り内密出産を。

【発達障害検査徐々に普及】（読売12／23）小平の研究センター作成。早期発見・療育へ有効。

【放課後デイサービス急増】（朝日12／24）障害ある子を預かり5年で4倍に。事業の質にばらつきあり。

【児童養護施設、退所後を見守る】（読売12／26）金銭教育、住まい、外部団体と連携。

【わいせつ教員、最多226人】（各紙12／28）文科省調査16年度処分。体罰67人減で654人。

【ミサイル避難訓練、学校は】（朝日12／30）やらざるを得ぬ情勢、子の不安あおる恐れ。

【支え合い、クラスの一員】（毎日1／5）人工呼吸器の小2が学校側の配慮により通常学級に通う。宇都宮。

【詩は時代と人をつなぐ】（読売1／5）谷川俊太郎さん、言葉と現代を語る。『詩人なんて呼ばれて』刊行を機に。

【「漫画 君たちはどう生きるか」100万部突破】（毎日1／5）先生から熱い支持　悩む子どもたちへ伝えたい。

【末期の子と「普通の毎日」を】（毎日1／6）ホスピス設立へ、来月サミット。小児がんで次女亡くした男性が。

【子供の貧困対策、寄付の仕組み導入】（朝日1／10）政府、財源s確保めざす。

【なぜ核はある―「森の福竜丸」から考えて】（朝日1／11）ジブリ作品で活躍の男鹿和雄さん、東京の展示館で3月まで企画展。

【教科免許ない授業、運用指針を作成へ】（朝日1／16）文科省。中高教諭の人手不足で専門外を担当。

（清水陽子）

ひろば

長野ヒデ子さん講演会
「うんとこどっこい　絵本と紙芝居の魅力」

日時　2月24日（土）14時～16時
会場　東京都立多摩図書館セミナールーム1
定員　108名（申込順）
申込先　童心社　03-5976-4181
同時開催　『紙芝居でふりかえる童心社の60年』展示
主催　童心社

2018年子どもの本・学びの会
第1講座「心の支えとなる大好きな1冊を」

日時　2月25日（日）13時半～15時半
会場　鶴岡市立図書館・講座室（2階）
講師　石田幸さん（元保育園園長）
資料代　300円（会員以外は500円）
問合せ・申込先　Tel・Fax　0235-22-7297　戸村
主催　子どもの読書を支える会

子どもの本よ、世界へ届け！
―ミュンヘン国際児童図書館の目指すもの

日時　2月25日（日）14時～16時半
会場　国際子ども図書館アーチ棟1階　研修室1
講師　クリスチアーネ・ラーベ博士（ミュンヘン国際児童図書館館長）
定員　130名（事前申込制・先着順）
申込方法　電子メールで申込（ホームページのイベントページ）
主催　国際子ども図書館

『沖縄子どもの貧困白書』出版記念連続トーク
「沖縄と子どもの貧困を考える」

ホスト　加藤彰彦さん（沖縄大学名誉教授・「沖縄子どもの貧困白書」編集委員）
第3回　3月6日（火）汐見稔幸さん
第4回　3月13日（火）湯浅誠さん
第5回　3月27日（火）真鍋和子さん
各回時間　19時～20時半
会場　東京・神保町　ブックハウスカフェ
参加費　1500円（1ドリンク付）
予約・問合せ　03-6261-6177
E-mail　book@bookhousecafe.jp
主催　ブックハウスカフェ　共催かもがわ出版

第8回学習会
「フォーラム・子どもたちの未来のために」戦時下の紙芝居

日時　3月9日（金）18時～20時
会場　童心社ホール
講師　酒井京子（童心社会長・紙芝居文化の会代表）
会費　1000円
申込問合先　日本児童図書出版協会
kodomo@kodomo.gr.jp
Tel　03-3267-3791
Fax　03-3267-5389
主催　「フォーラム・子どもたちの未来のために」実行委員会

第30回文庫展
子どもと本の広場　本の世界であそぼう

日時　3月10日（土）～14日（水）
会場　多摩市・ベルブ永山3階　講座室
おはなし会／科学あそび／絵本カフェ／むかしあそびなど

★はたこうしろうさん講演会&ワークショップ
日時　3月11日（日）14時～
会場　ベルブ永山4階　集会室
定員　45人
申込　往復はがき　必着2月10日
申込先　多摩市鶴牧6-11-10　寄神方

★はたこうしろう絵本原画展
会場　ベルブ永山　3階ギャラリー
『はじめてのオーケストラ』『なつのいちにち』
同時開催　平和絵本展
問合せ先　042-376-9598　寄神
主催　多摩市文庫連絡会

塩見昇氏出版記念講演会
「いま、この時代に自由宣言の意義を捉えなおす」
～『図書館の自由委員会の成立と「図書館の自由に関する宣言」改訂』出版記念～

日時　3月23日（金）18時半～20時半

会場　日本図書館協会2階　研修室
講師　塩見昇さん（大阪教育大学名誉教授・前日本図書館協会理事長　現顧問）
参加費　500円（事前申し込み不要）
主催　日本図書館協会 図書館の自由委員会

春の学習会
憲法九条の希望、子どもの本の希望
「憲法改正問題の今後」

日時　3月25日（日）11時～16時半
会場　としま産業振興プラザIKE・Biz
6階ホール（旧豊島区勤労福祉会館）
池袋西口徒歩7分
プログラム
11時～　戦争と平和を考える本の展示
12時～12時半　ギャラリートーク「戦争と平和を考える本」きどのりこさん
14時～15時半　講演「憲法改正問題の今後」木村草太さん（首都大学東京教授）
15時45分～16時半　「平和あってこそ子どもの本」広瀬恒子さん
参加費　1000円
定員　150人（事前申込）
申込先　kodomonohon9jo@gmail.com
zb@jibunkyo.or.jp
TEL　03-3268-0691（児文協）
主催　子どもの本・九条の会／日本児童文学者協会子どもと平和の委員会

親地連セミナー
「赤ちゃんと絵本をたのしむ」（仮題）

日時　4月7日（土）14時～16時半
会場　武蔵野プレイス4階　フォーラム室
講師　金澤和子さん（はぐはぐの木）
参加費　500円
問合せ先　03-6908-1677　江森

主催　親子読書地域文庫全国連絡会

親子読書地域文庫全国連絡会　総会

日時　6月2日（土）
会場　としま産業振興プラザ IKE・Biz
詳細は決まり次第お知らせします。

第22回　ひらこう！・学校図書館

日時　7月14日（土）
会場　日本図書館協会2階研修室
記念講演「これからの日本　これからの教育」（仮題）前川喜平さん（前文科省事務次官）
参加費　800円
問合せ　事務局03-3816-5271 篠沢
主催　学校図書館を考える全国連絡会

編集後記

★今年もまた一年のまとめの時期を迎えた。出版点数調査では数値しか出ないが、それぞれの執筆者によるジャンル別まとめを読むと、多種多様な新刊があることに、今更ながら感じ入る。そしてむろん、ここに取り上げられた本はその中のごく一部に過ぎず、実際に出版されているのはその何十倍にもなる計算だ。一冊の本を作るには、その著者や絵描き、訳者だけでなく、編集者やデザイナー、DTP制作など多くの人が携わり、チームで作り上げていく。出版不況が言われて久しいが、これだけの子どもの本が作られていく舞台裏では、数えきれない多くの人の手と思いが動いているのだと思うと、一冊も疎かにできないと感じてしまう。

　ちなみに一五年前の出版点数を見ると、集計手法に違いがあるので正確な比較ではないが、当時の出版は約二九〇〇冊。その半数近くを絵本が占め（約四〇％）、また児童書全体での翻訳書の比率も高い（二二％、二〇一七年は約一六％）。読書の楽しみの一つは、知らない国のことを書物を通して知ることにあるのだが…大人の本でも翻訳書が売れなくなっていると聞く。少し哀しくなる傾向だ。（水）

★二〇一七年も多くの新刊本が発行され、図書館に足しげく通った一年となった。発行された全ての本を読むことはできないが、ここに載せられている新刊本だけは読めると思い、読みふけった。古典の復刻版は安心感があり、新刊本は子どもの今の状況が反映されており、どちらも読後誰かと感想を共有したくなった。

　地元で所属している木刈親子読書会で小学二年生と例会を行った。昨年他界された佐藤さとる氏の『えんぴつ太郎のぼうけん』（講談社）を用いて親子で話し合った。読書会後、実際に鉛筆をカッターで削ってみた。誰もカッターを使って鉛筆を削ったことが無かったため、やってみせてから取り組んだ。親が見守る中徐々に上手になり、眉間にしわを寄せて真剣だった顔がほころんだ。今は鉛筆削り器も電動で、手動の削り器の使い方ですら教えなくてはいけないご時勢である。本もそうだが、少しゆっくり親子で身近にある物と向き合うのもいいのではないかと思った。（栗）

〈訂正〉
427号34ページ　福田春代→晴代
お詫びして訂正します。

5/6月号予告

4月20日発行予定

●特集
特別の教科
道徳をどう考えるか（仮題）
池田賢市／みおちづる／西光美奈子／樋浦敬子／川端英子

●ホットライン　上野千鶴子
●新刊紹介
●私たちのなかま　加藤寛子
●よかったよ この本　林愛子
●やってみない?!　江藤裕子
●作品をよむ　中村貴子
●子どもと読む１冊　橋なつみ

購読のご案内

定価 550 円（本体 509 円）
年間購読料 4000 円（送料込）
申し込み　郵便振込みでお願いします。
口座番号　00270-8-13040
口座名　親子読書地域文庫全国連絡会

書店様は地方小出版流通センターへ
FAX でお申し込みください。
FAX 03-3235-6182

子どもと読書 3・4 月号（428 号）

2018 年 2 月 20 日発行
定価 550 円（本体 509 円）

●編集／発行
親子読書地域文庫全国連絡会
子どもと読書編集委員会　代表 広瀬恒子
〒112-0001
東京都文京区白山 2-12-4-308 篠沢方
tel・fax.　03-3816-5271
Eメール　ym-shino@ll.em-net.ne.jp

●制作
（株）パンオフィス